WAFEL RECEPTEN BOEK

100 heerlijke eenvoudige wafelrecepten

Lizzy de Vries

© COPYRIGHT 2022 ALLE RECHTEN VOORBEHOUDEN

Dit document is bedoeld om nauwkeurige en betrouwbare informatie te verstrekken over het onderwerp en de behandelde kwestie. De publicatie wordt verkocht met dien verstande dat de uitgever niet verplicht is om boekhoudkundige, gecharterde of anderszins gekwalificeerde diensten te verlenen. Als juridisch of professioneel advies nodig is, moet een professional worden ingewonnen.

Het is op geen enkele manier geoorloofd om enig deel van dit document te reproduceren, dupliceren of over te dragen, noch langs elektronische weg, noch in gedrukte vorm. Het opnemen van deze publicatie is ten strengste verboden en elke opslag van dit document is toegestaan zonder schriftelijke toestemming van de uitgever. Alle rechten voorbehouden.

Waarschuwing Disclaimer, de informatie in dit boek is naar ons beste weten waar en volledig. Alle aanbevelingen worden gedaan zonder garantie van de auteur of publicatie van het verhaal. De auteur en uitgever wijzen elke verantwoordelijkheid af in met betrekking tot het gebruik van deze informatie

Somario

INVOERING..7

WAFEL RECEPTEN 7

1. Groentewafels 8
2. Wafels met kersen..9
3. Wafels met appel-kaneelchutney..........................11
4. Wafels met kwark 13
5. Brusselse wafels...14
6. Kruid de wafels met ahornsiroop 16
7. Wafels met gierst 17
8. Wafels met zalm en dillesaus...............................19
9. Chocolade-karamelwafels 20
10. Bosbessenwafels 22
11. Keto Chocolate Chip Keto Chaffle Recept 2. 3
12. Keto Pindakaas Kaf 24
13. Traditioneel Keto Low Carb Chaffle Recept 27
14. Eenvoudig traditioneel Keto Chaffle-recept........ 29
15. Keto Pompoenchaffles 30
16. Bosbes Keto Chaffle 31
17. BLT Chaffle Het basischaffle-recept gebruiken 33

18. Keto Vanille Framboos Chaffle 34

19. Keto Pizza Chaffle 35

20. Klassieke chaffles 37

21. Keto Taco Chaffle | Op zoek naar lekker eten 38

22. Pepperoni Pizza Chaffle | Keto Wafels 39

23. Slordige Joe Chaffles 41

24. Beste Keto Pizza Chaffle Recept 42

25. Keto Taco Chaffle Recept (krokante tacoschelpen) 44

26. Wafelrecept (Chaffle) 45

27. Keto Bosbessenchaffle 47

28. kokoswafels 48

29. Pompoenwafels met vanilleroom en amandelen 49

30. Peperkoekwafels 50

31. Wafels met kruiden 52

32. Wafeltaart 53

33. Wafelburger met kip 55

34. Courgettewafels 57

35. Mac'n'Cheese-wafels 58

36. Wafels met havermout en bananen 60

37. Napolitanen met pinda's 62

38. Marmeren wafels 64

39. Meringuewafels met bosbessensaus 66

40. Wafels met aquafaba 67
41. Kokoswafels met citrussalade 69
42. Wafels met rode biet 71
43. Kastanjemeelwafels met appels 73
44. Bosbessenkaneelwafels 75
45. Chocolade havermoutwafelcake 78
46. Wafels met glühwein 80
47. Bubbelwafels 81
48. Wafels met ham 83
49. Honingwafels met chocoladesaus 84
50. Wafels met karnemelk 86
51. Toren van wafels met kersencompote 88
52. Wafelburger met vanille-ijs en advocaat 89
53. Hartige wafels met yoghurt en radijs 90
54. Zoete pompoenwafels 91
55. Chocolademousse met wafels en kersen 93
56. Wafels uit het wafelijzer 94
57. Kwarkgratin met bessen 95
58. Hartige wafels met knoflookworst 97
59. Wafelcake met slagroom en kersenvulling 99

60. Notenroomijs met wafels 100

61. Bessensorbet met exotisch fruit 102

62. Lactosevrije wafels 104

63. Chocoladewafelrepen 106

64. Gevulde wafels 107

65. Napolitanen met pinda's 108

66. Wafelijzer Hash Browns 110

67. Keto Pindakaasbeker 111

68. Keto Strawberry Shortcake Chaffle 113

69. Heerlijk Keto Pizza Chaffle Recept 115

70. Recept voor Keto-chocoladechaffle 116

71. Broodje tosti 118

72. Browniebeslagwafels met aardbeiensiroop 119

73. Hashbrowns met wafels 121

74. Chocoladewafelcakes 121

75. hamburgers met wafels 123

76. Chocoladewafels 124

77. Paleo wafels 126

78. Notenvrije Sun Butter Bananenwafels 128

79. Graanvrije Buffalo Chicken-wafels 130

80. Vanillecakebeslag Vijgen Ahornsiroopwafels 132

81. Zonnebloemboterwafels met amandelmeel 134
82. Kaneelchocoladewafels 135
83. Graanvrije wafels.. 137
84. Blenderwafels met kokosroom................... 139
85. Krokante graanvrije wafels 141
86. Wafels met kruiden en karamelappels..... 143
87. Het recept voor wafels met kokosmeel... 144
88. Pompoenkruidenwafels................................ 146
89. Graanvrije Bacon Pecan-wafels.................. 148
90. Wafel Quesadilla 149
91. Gefrituurde augurksticks 150
92. Wafels met melkpoeder 151
93. Kokoswafels... 153
94. Wafels met karamel 155
95. Wafels met kersen.. 157
96. Wafels met appel-kaneelchutney.............. 158
97. Pompoenwafels met vanilleroom en amandelen 161
98. Peperkoekwafels 162
99. Zelfgemaakte chocoladewafels 163
100. Honingwafels met chocoladesaus 166

INVOERING

Als je de beste verzameling wafelrecepten in één handig boek wilt, dan is dit het boek voor jou. Als je wafelijzer stof staat te vergaren in een stoffige kast en je weer aan de slag wilt met wafels, of als je net begint, deze verzameling klassieke wafelrecepten is alles wat je nodig hebt. Wafels zijn ongelooflijk veelzijdig en kunnen worden gebruikt om een verscheidenheid aan maaltijden te maken, zowel zoet als hartig. Veel mensen halen niet het maximale uit hun wafelijzer omdat ze zich niet bewust zijn van de mogelijkheden ervan.

WAFEL RECEPTEN

1. Groentewafels

ingrediënten

- 1 stuk courgette (200 g)
- 3 wortelen (150 g)
- 2 sesamzaadjes
- 250 g licht speltmeel (type 630)
- 1/2 theelepel gepoederde rug
- 125 g margarine
- 3 stuks. Baasje
- 1 doos zout
- 200 ml mineraalwater

Margarinebereiding (voor het wafelijzer).

1. Was voor de groentewafels de courgette, maak de wortelen schoon en rasp beide grof. Rooster de sesamzaadjes in een pan met deksel. Meng de bloem met het bakpoeder. Klop de margarine, eieren en zout met een handmixer schuimig, voeg de groenten en sesamzaadjes toe aan het ei-vetmengsel en meng.
2. Meng de bloem en het mineraalwater elektrisch in lepels, verwarm en vet het wafelijzer in en smeer 3 eetlepels deeg per wafel op het wafelijzer en bak 8 wafels achter elkaar.

2. Wafels met kersen

ingrediënten

Voor het deeg:

- 200 g rama margarine
- 75 gram suiker
- 1 pakje vanillesuiker
- 1 doos zout
- 6 eigenaren
- 300 g bloem
- 2 theelepels bakpoeder
- 1 fles(sen) Rama Cremefine om op te kloppen

Voor stofreiniging:

- 5 eetlepels poedersuiker

Omslag:

- 1 glas kersen
- 2 eetlepels suiker
- 1 eetlepel maizena (volledig geëgaliseerd)
- 1 fles(sen) Rama Cremefine voor bereid gerecht

1. Meng voor de kersenwafels de margarine, suiker, vanillesuiker en zout tot een romig geheel. Voeg geleidelijk de eieren toe, meng de bloem met het bakpoeder en meng gelijkmatig met Rama Cremefine voor het beslag.
2. Bak de wafels één voor één in een ingevet en voorverwarmd wafelijzer op middelmatige temperatuur goudbruin. Als het wafelijzer niet is afgedekt, moet het elke keer worden ingevet voordat het beslag wordt toegevoegd.
3. Bestuif de wafels na het bakken met poedersuiker.
4. Giet de kersen af, vang het sap op, meng de Maizena met 3 eetlepels koud water, kook het sap in een pannetje, roer de maizena erdoor, breng opnieuw aan de kook, giet in een kom en

laat afkoelen. Klop de Rama Cremefine stijf en serveer met wafelkersen.

3. Wafels met appel-kaneelchutney

ingrediënten

- 3 stuks. eigenaren
- 1 doos zout
- 1/2 vanillestokje
- 65 g suiker (bruin)
- 74 g tarwebloem (type 1050)
- 50 ml koolzaadolie
- 1-2 eetlepels melk (naar smaak)
- Koolzaadolie (voor het wafelijzer)

Appel Kaneel Chutney:

- 1 kg appels (niet te rijp, liefst groen, zuur)
- 250 g ui

- 1 teentje knoflook
- 375 ml azijn
  500 g suiker (gemengd met kaneel)
- 3 eetlepels mosterdzaad (gemalen)
- 2 eetlepels gember (vers geraspt of een beetje poeder)
- 1 theelepel cayennepeper
- 250 g sultana's bereiding

1. Splits voor de wafels de eieren en klop de eiwitten met een snufje zout stijf. Snijd het vanillestokje in de lengte door en laat het vruchtvlees afkoelen.
2. Meng de eidooier, suiker, vanillepulp, bloem en koolzaadolie, als het mengsel te sterk is, meng er dan een beetje melk door. Spatel het eiwit voorzichtig door het mengsel.
3. Verhit een wafelijzer, vet het in met een beetje olie en voeg 3-4 eetlepels deeg toe aan elke wafel. Bak goudbruin op middelhoog vuur. Serveer de wafels met vers fruit, gestoomde appels of appel-kaneelchutney.
4. Schil voor de appel-kaneelchutney de appels, verwijder het klokhuis en snijd ze in dunne plakjes. Pel en hak de ui en knoflook fijn en doe alle drie de ingrediënten in een grote pan.

Voeg azijn, suiker, mosterdmeel, gember en cayennepeper toe en kook alles 1 uur in een open pan op laag vuur.

5. Roer af en toe. Voeg vervolgens de sultanarozijnen toe en kook nog eens 15 minuten. Deze chutney moet gekookt worden tot hij van de lepel loopt!

4. Wafels met kwark

ingrediënten

- 500 g kwark (10%)
- 200 g boter
- 200 g suiker
- 1 pakje vanillesuiker
- 5 eieren
- 450 g bloem
- 1 pakje bakpoeder
- 150 ml mineraalwater
- 1 zoutinname voorbereiding

1. Voor de wrongelwafels Doe eerst de boter, suiker en vanillesuiker in een kom en klop met

een handmixer luchtig. Voeg de eieren en de wrongel een voor een toe en meng.
2. Meng de bloem voorzichtig met het bakpoeder en voeg geleidelijk toe. Vergeet het zout niet! Als het mengsel te dik wordt om te mengen, voeg dan mineraalwater toe.
3. Herhaal dit tot de bloem op is en het deeg de gewenste consistentie heeft. Verwarm nu het wafelijzer voor. Bestrijk vervolgens met olie of boter en bak de wafels met wrongel goudbruin.

5. Brusselse wafels

ingrediënten

- 10 g gist (vers)

- 1/2 vanillestokje
- 150 ml melk
- 2 eieren
- 100 g boter
- 250 g bloem
- 1/2 theelepel zout
- 2 eetlepels suiker
- Bereiding van poedersuiker (voor glazuur).

1. Los eerst de gist op in 150 ml lauw water. Smelt de boter in een kleine steelpan en laat het iets afkoelen.
2. Halveer het vanillestokje in de lengte en schraap het vruchtvlees eruit. Doe de melk met het vanillepulp in een tweede pan en verwarm deze (het moet warm zijn).
3. We scheiden de eieren en kloppen het eiwit tot schuim.
4. Zeef de bloem boven een kom, meng met 1 eetlepel suiker, melk en opgeloste gist tot een glad deeg.
5. Meng vervolgens de eidooiers, de gesmolten boter en een 1/2 theelepel zout een voor een door het beslag. Voeg op het einde de eiwitten

toe, dek af en laat het deeg 30 minuten rusten.

6. Verwarm het wafelijzer (middelhoge tot hoge stand), voeg een schep beslag toe, sluit en draai (dit verdeelt het beslag bijzonder goed). Na ongeveer 4 minuten is de wafel goudgeel en krokant.
7. Haal de wafels uit het strijkijzer, bestuif ze meteen met poedersuiker en geniet of houd ze warm in de oven tot alle wafels gaar zijn.
8. Schik en serveer de wafels.

6. Kruid de wafels met ahornsiroop

ingrediënten

Voor de topping:

- boter (eventueel gezouten)
- Ahornsiroop wat kaneel voor het deeg:

- 235 g bloem
- 1 eetlepel bakpoeder
- 3 eetlepels suiker (bruin)
- 2 theelepels gember (gemalen)
- 1 theelepel kaneel (gemalen)
- 1/4 theelepel kruidnagel (gemalen)
- 1/4 theelepel zout
- 2 eieren (maat L)
- 125 ml koolzaadolie
- 375 ml melk
- 3 eetlepels citroenmelisse
- 2 eetlepels ahornsiroop
- 1 bereiding van vanillestokje (geraspte pulp).

1. Zeef voor de Maple Syrup Christmas Waffles eerst de bloem en het bakpoeder in een voldoende grote kom. Voeg suiker, kruiden en zout toe en meng goed.
2. Meng de eieren, olie, melk, melasse, ahornsiroop en vanille-extract en voeg toe aan de droge ingrediënten. Meng tot gehomogeniseerd.
3. Verwarm het wafelijzer volgens de gebruiksaanwijzing en vet het indien nodig in met olie. Giet het beslag erin en sluit het

wafelijzer. Bak tot het gewenste niveau van knapperigheid.

4. Leg op elke wafel een klontje boter, giet er ahornsiroop over en bestrooi met kaneel. Serveer de Maple Syrup Christmas Wafels direct.

7. Wafels met gierst

ingrediënten

- 100 g boter
- 2 eieren
- 2 eetlepels honing
- 200 g gierstmeel
- 2 bakpoeder

- 160 ml melk
- Bereid met olie of boter (om in te vetten).

1. Meng voor de gierstwafels de zachte boter met het ei en de honing tot een romig geheel. Voeg de gierst, bakpoeder en vloeistof toe en meng tot een deeg.
2. Laat het wafelbeslag ongeveer 30 minuten rijzen.
3. Vet het wafelijzer in, verwarm voor en bak geleidelijk het beslag in de wafels.
4. Daarnaast bijvoorbeeld B. Kwark- of yoghurtcrèmes, zoet beleg, jam, fruit, slagroom

8. Wafels met zalm en dillesaus

ingrediënten

- 1 pakje gerookte zalm

Voor de dillesaus:

- 2 eetlepels dille
- 125 g zure room
- een beetje zout voor het deeg:
- 125 g boekweitmeel
- 125 g tarwebloem
- 2 theelepels bakpoeder
- 1 1/2 theelepels bakpoeder
- 1 doos zout
- 2 eetlepels suiker (bruin)

- 125 g boter
- 2 eieren (maat L)
- 500 ml karnemelkbereiding

1. Maak voor de zalm- en dillesauswafels eerst de dillesaus. Hak hiervoor de dille fijn en meng deze met de andere ingrediënten tot een gladde massa. Koel tot gebruik.
2. Zeef het boekweitmeel, tarwebloem, bakpoeder en bakpoeder. Meng het zout en de suiker.
3. Smelt de boter en laat iets afkoelen. Meng met de eieren en karnemelk en voeg toe aan het bloemmengsel.
4. Verwarm het wafelijzer volgens de gebruiksaanwijzing en voeg wat beslag toe. Sluit het wafelijzer en bak de wafel zo krokant als je wilt. Verwijder en doe hetzelfde met de rest van het deeg.
5. Schep op elke wafel een lepel saus en verdeel er een plakje zalm over. Serveer wafels met zalm en dillesaus.

9. Chocolade-karamelwafels

ingrediënten

- 60 g chocolade
- 60 g karamelsnoepjes (zacht)
- 45 g amandelen (geschild)
- 235 g bloem
- 1 eetlepel bakpoeder
- 2-3 eetlepels suiker (bruin)
- 1/4 theelepel zout
- 250 ml koolzaadolie
- 375 ml melk
- 2 eieren (maat L)
- 1 vanillestokje (geraspte pulp)

opleiding

1. Hak voor de chocolade-karamelwafels eerst de chocolade, karamelsnoepjes en amandelen grof. Houd wat karamel en chocolade apart voor de garnering.
2. Zeef in een voldoende grote kom de bloem en het bakpoeder. Meng de suiker en het zout.
3. Meng de olie, melk, eieren en vanillepulp en voeg toe aan het bloemmengsel. Voeg als laatste de chocolade, karamel en amandelen toe.
4. Verwarm het wafelijzer volgens de gebruiksaanwijzing en vet het indien nodig in. Giet het beslag erin en sluit het wafelijzer. Bak tot ze knapperig zijn.
5. Chocoladekaramelwafels met het overgebleven stuk chocolade, karamel en amandelen, bestrooi en serveer.

10. Bosbessenwafels

ingrediënten

- 80 g suiker
- 125 g boter
- 4 eieren
- 1 doos zout
- 200 ml karnemelk
- 3 eetlepels honing
- 350 g bloem
- 1 theelepel bakpoeder
- 250 g bosbessen
- 200 g losgeklopt deeg
- 1 pakje vanillesuiker
- 1/2 theelepel kaneel

opleiding

1. Klop voor de bosbessenwafels de boter, suiker en een snufje zout luchtig. Mix de eieren één voor één en voeg dan de karnemelk en honing toe. Zeef de bloem en het bakpoeder en spatel door het eiermengsel.
2. Sorteer de bosbessen, was, droog en meng door het beslag.
3. Verwarm het wafelijzer en vet goed in. Giet het wafelbeslag op het wafelijzer met een karretje (ca. 75 ml). Sluit de deksel en bak een wafel in 3-5 minuten. Bak de overige wafels op dezelfde manier en serveer warm.
4. Lekker met slagroom met verse bosbessen of met vanille-ijs.

11. Keto Chocolate Chip Keto Chaffle Recept

ingrediënten
- 1 ei
- 1 eetlepel slagroom voor de slagroom
- 1/2 theelepel kokosmeel
- 1 3/4 theelepel gouden Lakanto-monniksfruit kan meer of minder gebruiken om de zoetheid aan te passen
- 1/4 theelepel bakpoeder
- snufje zout
- 1 eetlepel Lily's Chocolate Chips

Voorbereiding
1. Zet het wafelijzer aan zodat het opwarmt.

2. Meng in een kleine kom alle ingrediënten behalve chocoladeschilfers en meng goed tot een gladde massa.
3. Vet het wafelijzer in en giet de helft van het beslag op de bodemplaat van het wafelijzer. Een paar chocoladeschilfers worden erop gestrooid en vervolgens gesloten.
4. Kook 3-4 minuten of tot het chocoladedessert goudbruin is, haal het dan uit het wafelijzer met een vork en zorg ervoor dat je je vingers niet verbrandt. Herhaal met de rest van het deeg. Laat het kaf een paar minuten staan, zodat het knapperig begint te worden. Serveer desgewenst met een suikervrije slagroomtopping.

12. Keto Pindakaas Kaf

Ingrediënt

- 1 ei
- 1/3 kopje mozzarella kaas
- 1 eetlepel monniksfruit
- 2 eetlepels pindakaas of notenboter
- 1 theelepel vanille-extract

Voorbereiding

1. Verwarm het wafelijzer voor op middelhoog vuur.
2. Roer het ei, de mozzarella, het monniksfruit, de pindakaas en de vanille erdoor.
3. combineer pindakaas ingrediënten
4. Giet het kafmengsel in het midden van het wafelijzer. Sluit het wafelijzer en laat het 3-5 minuten koken of tot de wafel goudbruin en gestold is.

5. de pindakaaswafel koken op het wafelijzer
6. Haal het kaf uit het wafelijzer en serveer.

13. Traditioneel Keto Low Carb Chaffle Recept

ingrediënten

- 1 ei (of gewoon een eiwit voor een krokantere vulling)
- 1/2 kopje cheddar kaas, versnipperd

Voorbereiding

1. Zet het wafelijzer aan of steek de stekker in het stopcontact zodat hij opwarmt en aan beide kanten botert.
2. Breek in een kleine kom een ei, voeg dan 1/2 kop cheddarkaas toe en meng om te combineren.

5.

3. Gebruik voor een krokantere beignets alleen het eiwit in plaats van het hele ei.
4. Giet 1/2 van het beslag in het wafelijzer en sluit de bovenkant.
   Kook 3-4 minuten of totdat het de gewenste staat heeft bereikt.
6. Haal voorzichtig uit het wafelijzer en zet 2-3 minuten opzij om tijd te geven om krokant te worden.
7. Volg de instructies opnieuw om de tweede zet te doen.
8. Dit recept voor een traditionele chaffle maakt fantastische sandwiches.

14. Eenvoudig traditioneel Keto Chaffle-recept

ingrediënten

- 1 ei
- 1/2 kop geraspte Cheddar-kaas
- instructies:
- Verwarm het mini wafelijzer voor.

Voorbereiding

1. Klop het ei in een kom schuimig.
2. Voeg de geraspte kaas toe en roer om te combineren.
3. Als het wafelijzer is opgewarmd, giet je voorzichtig 1/2 van het beslag in het wafelijzer en sluit je de bovenkant. Laat het 3-5 minuten koken.

5.

4. Haal voorzichtig uit het wafelijzer en zet 2-3 minuten opzij om krokant te worden.
   Herhaal de instructies nogmaals voor de tweede rit.

15. Keto Pompoenchaffles

ingrediënten

- ½ kopje geraspte mozzarella kaas
- 1 heel ei, losgeklopt
- 1 ½ tl pompoenpuree
- ½ tl Swerve Zoetwaren
- ½ theelepel vanille-extract
- ¼ theelepel Pumpkin Pie Spice, zie mijn recept
- ⅛ theelepel puur esdoornextract, zie opmerkingen

5.

Voorbereiding
1. Zet het wafelijzer aan (de mijne maakt wafels van 4 inch) en begin met het maken van het beslag.

2. Voeg alle ingrediënten behalve mozzarella kaas toe aan een kom en meng. Voeg de kaas toe en mix tot alles goed gemengd is.
3. Spuit de wafelplaten in met anti-aanbakspray (ik gebruikte kokosolie) en voeg de helft van het beslag toe aan het midden. Sluit het deksel en kook 4-6 minuten, afhankelijk van hoe krokant je de Chaffles wilt.
4. Verwijder en kook de tweede Chaffle. Serveer met alle of een combinatie van toppings, inclusief boter, suikervrije ahornsiroop, geroosterde pecannoten, een laagje gemalen kaneel en een klodder slagroom.

16. Bosbes Keto Chaffle

ingrediënten
- 1 kopje mozzarella kaas
- 2 eetlepels amandelmeel
- 1 theelepel bakpoeder
- 2 eieren
- 1 theelepel kaneel
- 2 eetlepels Swerve
- 3 eetlepels bosbessen

Voorbereiding
1. Verwarm je Dash Mini Wafelijzer.
2. Voeg in een mengkom mozzarella, amandelmeel, bakpoeder, eieren, kaneel, swerve en bosbessen toe. Meng goed zodat alle ingrediënten gemengd zijn.
3. Spuit het miniwafelijzer in met anti-aanbakspray.
4. Voeg iets minder dan 1/4 kopje bosbessen keto-wafelbeslag toe.
5. Sluit het deksel en kook 3-5 minuten. Controleer het na 3 minuten om te zien of het knapperig en bruin is. Als dit niet het geval is of aan de bovenkant van het wafelijzer blijft plakken, sluit dan het deksel en bak nog 1-2 minuten.
6. Serveer met een scheutje swerve banketbakkerssuiker of ketosiroop.

42

17. BLT Chaffle Het basischaffle-recept gebruiken

ingrediënten
- 1 ei
- 1 eetlepel geraspte kaas ik gebruik colby/jack

instructies:
1. Verwarm het mini wafelijzer.
2. Meng voorzichtig 1 ei erdoor.
3. Smeer voorzichtig wat geraspte kaas op de bodem van het wafelijzer.
4. Giet langzaam 1/2 van het roerei over de kaas.
5. Bestrooi het ei lichtjes met nog wat geraspte kaas.
6. Sluit het wafelijzer en bak minimaal 3 minuten.

7. Verwijder de Chaffle voorzichtig en laat afkoelen.
8. Herhaal dit voor de tweede Chaffle

18. Keto Vanille Framboos Chaffle

- 1 eetlepel boter; gesmolten en afgekoeld
- 1 oz roomkaas
- 2 eetlepels kokosmeel
- 1 eetlepel monniksfruit/of korrelzoetstof
- 1 theelepel vanille
- 1/4 theelepel bakpoeder
- 1 groot ei
- 6 bevroren frambozen Optioneel glazuur:

- 1 theelepel erythritolpoeder
- 1/4 theelepel citroenextract
- 1/4 theelepel slagroom voor de slagroom

Voorbereiding

1. Doe alles in een blender. Schraap langs de zijkanten. Meng opnieuw. Voeg de bessen toe. Twee keer pulseren.
2. Bestrijk de wafels met kokosolie of boter. Giet in het midden van het wafelijzer en verdeel het langs de randen.
3. Als een klein wafelijzer zoals DASH, giet het dan in de helft.
4. Het kan worden gegarneerd met slagroom of besprenkeld met glazuur.
5. Meng voor de frosting alles door elkaar in een kleine kom. Sprenkel over warme wafels.

19. Keto Pizza Chaffle

Mix alle ingredienten.

- Giet 1/4 kop beslag in het wafelijzer en verdeel het gelijkmatig.
- Kook ongeveer 4-5 minuten en serveer met je favoriete toppings.
- Pizza Kaf
- 1 groot ei
- 1/2 kopje mozzarella kaas, versnipperd
- 1 eetlepel pizzasaus
- 4 plakjes pepperoni
- 1 eetlepel amandelmeel (optioneel)

Voorbereiding

1. Combineer het ei, de mozzarella, de pizzasaus, het amandelmeel en de plakjes pepperoni.

Kook 4-5 minuten, strooi er wat kaas over en voeg een paar plakjes pepperoni toe. Bak tot de kaas gesmolten en lekker is.

20. Klassieke chaffles

ingrediënten

- 1 kopje geraspte mozzarella kaas
- 2 grote bereide eieren

1. Meng in een kleine kom het ei en de geraspte kaas.
2. Giet ongeveer 1/4 kop van het kaasbeslag in het wafelijzer.
3. Bak ongeveer 4-5 minuten tot ze goudbruin en krokant zijn.
4. Haal van het vuur en laat een paar minuten afkoelen voordat je het serveert. Het wordt zo knapperig! Genieten van!

21. Keto Taco Chaffle | Op zoek naar lekker eten

ingrediënten

- 4 basischaffles met cheddar of pepper jack cheese (tip: je kunt 1/4 theelepel komijn en 1/4 theelepel chilipoeder toevoegen aan het chaffle-beslag als je wilt)
- 1 kg rundergehakt
- 1 Kopieer Cat Taco Kruidenmix recept
- Optionele Taco Toppings: Geraspte Cheddar Kaas, Groene Uien, Avocado, Tomatenblokjes, Geraspte Sla, Olijven, Zure Room, Salsa

Voorbereiding

1. Bruin rundvlees, voeg taco-kruidenmix en 1/2 kopje water toe. Kook tot het water verdampt

en het tacovlees de gewenste dikte heeft bereikt. Maak je basisbroodje volgens bovenstaande instructies. Vul het bed met taco vlees en je favoriete taco toppings. Jij draagt 4

22. Pepperoni Pizza Chaffle | Keto Wafels

ingrediënten

- 1 basis bladerdeeg met mozzarella en 1/4 theelepel Italiaanse kruiden aan het deeg toegevoegd
- 1-2 eetlepels pizzasaus (als je een keto-dieet volgt, zorg dan dat het suikervrij is)
- 1/4 kop mozzarella (volle melk), geraspt
- 5 tot 6 plakjes pepperoni
- Optioneel: gebruik eventuele favoriete pizza-toppings.

Voorbereiding

2. Verwarm de oven voor om te grillen. Bereid je basistopping zoals hierboven beschreven, met mozzarella en 1/4 theelepel Italiaanse kruiden.
3. Leg het kaf op een kleine bakplaat of pizzapan. Top met pizzasaus, dan mozzarella en dan pepperoni. Bak tot de kaas borrelt en gesmolten is. Pas op dat u zich niet verbrandt! Gedeelte 1

23. Slordige Joe Chaffles

ingrediënten

- 1 basis startrecept
- 1 portie slowcooker sloppy joes (dit recept is echt goed!)
- 1 portie dille ingelegde salade

Routebeschrijving

1. Maak je basisbroodje volgens bovenstaande instructies. Top met Slow Cooker Sloppy Joes en Dille Pickle Slaw. Godver, zo goed!

24. Beste Keto Pizza Chaffle Recept

ingrediënten

- 1 theelepel kokosmeel
- 1 eiwit
- 1/2 kopje mozzarella kaas, versnipperd
- `1 theelepel roomkaas, zacht
- 1/4 theelepel bakpoeder
- 1/8 theelepel Italiaanse kruiden
- 1/8 theelepel knoflookpoeder
- snufje zout
- 3 eetlepels koolhydraatarme marinarasaus
- 1/2 kopje mozzarella kaas
- 6 pepperonis gehalveerd
- 1 eetlepel Parmezaanse kaas, gehakt

- 1/4 theelepel basilicumkruiden

Voorbereiding

2. Verwarm de oven voor op 400 graden. Zet het wafelijzer aan of steek de stekker in het stopcontact zodat hij opwarmt.
3. Voeg in een kleine kom kokosmeel, eiwit, mozzarella, zachte roomkaas, bakpoeder, knoflookpoeder, Italiaanse kruiden en een snufje zout toe.
4. Giet 1/2 van het beslag in het wafelijzer, sluit de bovenkant en bak 3-4 minuten of tot de gewenste gaarheid.
5. Verwijder voorzichtig het kaf uit het wafelijzer en volg dezelfde instructies om het tweede kaf te maken.
6. Bedek elke chaffle met tomatensaus (ik gebruikte 1 1/2 theelepel per elk), pepperoni, mozzarella en Parmezaanse kaas.
7. Bak op een bakplaat (of direct op het bakrek) op de bovenste plank van de oven gedurende 5-6 minuten. Zet vervolgens de oven op de grill zodat de kaas begint te borrelen en bruin wordt. Wees voorzichtig, want het kan snel aanbranden. Ik heb mijn pizzabodem ongeveer 1 minuut en 30 seconden geroosterd. Haal uit

de oven en strooi de basilicum erover. Genieten van!

25. Keto Taco Chaffle Recept (krokante tacoschelpen)

ingrediënten

- 1 eiwit
- 1/4 kop Monterey Jack-kaas, versnipperd (goed verpakt)
- 1/4 kop scherpe cheddar kaas, versnipperd (strak verpakt)
- 3/4 theelepel water
- 1 theelepel kokosmeel
- 1/4 theelepel bakpoeder
- 1/8 theelepel chilipoeder
- een snufje bereid zout

1. Steek de Dash Mini Waffle Maker in de muur en vet hem licht in als hij heet is.
2. Combineer alle ingrediënten in een kom en roer om te combineren.
3. Schep 1/2 van het beslag op het wafelijzer en sluit het deksel. Stel een timer in op 4 minuten en til het deksel pas op als de kooktijd is verstreken. Als je dat doet, lijkt het alsof de taco-shell niet correct is ingesteld, maar dat is het wel. U moet het geheel 4 minuten laten koken voordat u het deksel optilt.
4. Haal de tacoschelpen uit het wafelijzer en zet apart. Herhaal dezelfde stappen hierboven met de rest van het deeg. Keer een muffinvorm om en plaats de tacoschelpen verdeeld tussen de kopjes om een tacoschelp te vormen. Laat het een paar minuten intrekken. Verwijder en serveer met het beste tacovlees of je favoriete recept. Geniet van deze heerlijke korst met je favoriete toppings.

26. Wafelrecept (Chaffle)

ingrediënten

- 2 eieren
- 3/4 theelepel bakpoeder
- 2 eetlepels pompoenpuree (100% pompoen)
- 3/4 theelepel pompoentaartkruiden
- 4 eetlepels slagroom voor de slagroom
- 2 eetlepels Lakanto suikervrije ahornsiroop
- 1 theelepel kokosmeel
- 1/2 kopje mozzarella kaas, versnipperd
- 1/2 theelepel vanille
- snufje zout

opleiding

1. Zet het wafel- of wafelijzer aan. Ik gebruik de Dash Mini Wafelijzer.
2. Combineer alle ingrediënten in een kleine kom.
3. Bedek de Dash Mini Waffle Maker met 1/4 van het beslag en kook 3-4 minuten.
4. Herhaal dit nog 3 keer totdat je 4 Keto Ahornsiroopwafels (Chaffles) hebt gemaakt.
5. Serveer met suikervrije ahornsiroop of keto-ijs.

27. Keto Bosbessenchaffle

ingrediënten

- 1 kopje mozzarella kaas
- 2 eetlepels amandelmeel
- 1 theelepel bakpoeder
- 2 eieren
- 1 theelepel kaneel
- 2 eetlepels Swerve
- 3 eetlepels bosbessen

Voorbereiding

1. Verwarm je Dash Mini Wafelijzer.
2. Voeg in een mengkom mozzarella, amandelmeel, bakpoeder, eieren, kaneel, swerve en bosbessen toe. Meng goed zodat alle ingrediënten gemengd zijn. Spuit het miniwafelijzer in met anti-aanbakspray. Voeg iets minder dan 1/4 kopje bosbessen keto-wafelbeslag toe. Sluit het deksel en kook 3-5 minuten. Controleer het na 3 minuten om te zien of het knapperig en bruin is. Als dit niet het geval is of aan de bovenkant van het wafelijzer blijft plakken, sluit dan het deksel en bak nog 1-2 minuten. Serveer met een scheutje swerve banketbakkerssuiker of ketosiroop.

28. kokoswafels

ingrediënten

- 125 g bloem
- 125 g maïszetmeel
- 125 g gedroogde kokos
- 200 g suiker
- 200 g boter
- 4 eieren
- 125 ml waterbereiding

1. Mix alle ingrediënten tot een soepel deeg.
2. Laat het indien nodig even rusten.
3. Vet het wafelijzer in met een beetje olie.
4. Bak de wafels in porties.

29. Pompoenwafels met vanilleroom en amandelen

ingrediënten

- 300 g pompoen (pulp al schoongemaakt)
- 40 ml sinaasappellikeur
- 150 g boter (zacht)
- 4 eieren
- 1 doos zout
- 2 vanillestokjes
- 250 g bloem
- 1 eetlepel amandelen (gemalen)
- 250 ml melk
- olie om te frituren)
- Bereiding van poedersuiker (om te bestrooien).

1. Rasp de pompoen fijn en blancheer kort in kokend water, knijp goed uit en meng met de sinaasappellikeur.
2. Meng de boter met de eieren en het zout, voeg de bloem, melk en amandelkern toe. Snijd de vanillestokjes in de lengte door, schraap het vruchtvlees eruit, roer door het beslag en laat 30 minuten rijzen.
3. Vouw de gehakte pompoen erdoor en vet het voorverwarmde wafelijzer in. Doe ongeveer 3 eetlepels beslag op het wafelijzer en bak de wafels één voor één.
4. Bestrooi de pompoenwafels met poedersuiker.

30. Peperkoekwafels

ingrediënten

- 250 g boter
- 1 eetlepel sinaasappelschil
- 1 eetlepel citroenschil
- Gingerbread Spice (naar smaak)
- 4 eieren
- 250 g bloem
- 1 theelepel bakpoeder
- 150 g honing (vloeibaar)
- 100 g geschaafde amandelen
- 100 g kookchocolade bereiding

1. Klop de boter met de aromaten en eieren tot het romig wordt.
2. Meng vervolgens de bloem met de peperkoekkruiden en het bakpoeder.
3. Zeef op het deeg en vouw.
4. Voeg vervolgens de honing toe en kneed tot een glad deeg.
5. Voeg 50 g geschaafde amandelen toe en bak de wafels in het ingevette wafelijzer.
6. Laat de kokende chocolade smelten in een waterbad en bestrijk de randen van de peperkoekwafels ermee.

7. Bestrooi de peperkoekwafels direct met de overgebleven amandelkern

31. Wafels met kruiden

ingrediënten

- 200 g boter
- 4 eieren
- 300 g bloem
- 2 theelepels bakpoeder
- 125 ml mineraalwater
- 1 eetlepel cognac
- 1/2 ui
- 1 eetlepel peterselie
- 1 eetlepel dille

- 1/2 theelepel citroenmelisse ☐ 1/2 theelepel tijm
- 1/2 theelepel citroenmelisse
- 1 prijs marjolein

1 snufje knoflookzout
- zout
- peper
- Bereiding van olie (voor het wafelijzer).

1. Klop voor de kruidenwafels eerst de boter luchtig. Scheid de eieren. Voeg de eidooiers toe aan de boter en meng goed. Meng de bloem met het bakpoeder en meng dit afwisselend met mineraalwater en cognac door het botermengsel.
2. Maak de ui schoon en hak fijn. Was de kruiden, droog ze zorgvuldig, hak ze fijn en voeg ze toe aan het deeg. Klop de eiwitten stijf tot schuim, spatel ze voorzichtig door het deeg en breng alles op smaak met de genoemde kruiden.
3. Verwarm het wafelijzer voor en vet indien nodig in. Giet een pollepel beslag en bak tot de kruidenwafels goudbruin zijn. Doe hetzelfde met de rest van het deeg.

32. Wafeltaart

ingrediënten

- 125 g boter (zacht)
- 120 g suiker
- 1/2 theelepel biologische citroen (geraspte schil)
- 2 eieren (maat M)
- 100 g tarwebloem (type W480)
- 50 g maïszetmeel
- 50 g room
- Vet (voor wafelijzer)
- 150 g mascarpone
- 100 g frambozenjam
- 2 pakjes vanille bourbon suiker
- 2 eetlepels citroensap
- 250 g room

- 350-400 g bessen (gemengd, vers)
  Bereiding van poedersuiker (om te bestrooien).

1. Gebruik voor de wafelcake de ingrediënten om een wafelbeslag te maken volgens het basiswafelrecept. Bak er vier dikke wafels van en laat ze afkoelen.
2. Mix voor de topping de mascarpone, jam, vanillesuiker en citroensap tot een gladde massa. Klop de slagroom stijf en spatel in porties lichtjes door de mascarponeroom. Sorteer de bessen, spoel ze eventueel af en droog ze af.
3. Smeer een kwart van de room en een kwart van de bessen op elke wafel. Leg de afgedekte wafels op elkaar op een taartschaal. De wafelcake wordt royaal bestrooid met poedersuiker en direct geserveerd!

33. Wafelburger met kip

ingrediënten

- 450 ml melk
- 120 g boter
- 280 g tarwebloem
- 2 theelepels bakpoeder
- 140 g cheddar
- 2 takjes peterselie (glad)
- 2 eieren
- 2 theelepels zout
- Olie (om in te vetten)
- 2 tomaten
- 5 slablaadjes (ijsbergschep)

600 g kipfilet
- zout
- Peper (versgemalen)
- 2 eetlepels olie
- 6 eetlepels zoete chilisaus bereiding

1. Verwarm de melk in een kleine steelpan en smelt de boter erin. Haal de pan van het vuur en laat het melk-botermengsel afkoelen.
2. Meng de bloem met het bakpoeder. Rasp de cheddar heel fijn. Was de peterselie, droog hem af met keukenpapier en hak hem fijn.
3. Meng de eieren met zout in een kom en meng dan de bloem goed. Voeg het boter- en melkmengsel toe. Meng tot slot de cheddar en peterselie erdoor.
4. Verwarm het wafelijzer en vet het in met olie. Leg een bal deeg in het wafelijzer en bak de wafel goudbruin. Haal de wafel uit het strijkijzer en houd warm. Bak nog 9 wafels.
5. Was intussen de tomaten en snijd ze in plakjes. Was de sla en scheur hem in stukjes ter grootte van een wafel. Was de kipfilets, droog ze af met keukenpapier en snijd ze in smalle reepjes. Zout en peper.

6. Verhit de olie in een pan en bak hierin de kipreepjes. Roer de chilisaus erdoor en bak nog even op middelhoog vuur tot het vlees gaar is.
7. Top 5 wafels met warm vlees, belegd met kaas. Verdeel de tomaten en sla erover en dek af met de overige 5 wafels.
    Serveer de wafelburger direct.

34. Courgettewafels

ingrediënten

- 1000 g courgette
- 1 ui
- 3 eieren
- 1/2 theelepel citroenmirte
- 200 g tarwebloem (type 405)
- 1 theelepel bakpoeder
- 50 g havervlokken (zacht als een bloem)
- 100 g feta
- 1/2 bosje dille
- zout
- Peper (zwart, versgemalen)
- Canola-olie (tegen zweten)

opleiding

1. Was en schil voor de courgettewafels eerst de courgette. Snijd met de groenterasp in reepjes en doe in een vergiet of vergiet. Strooi er 1 theelepel zout over en vouw een beetje. Laat het 30 minuten staan totdat het water uit de courgette is weggelopen.
2. Schil en hak intussen de ui en zweet in een beetje koolzaadolie tot ze glazig is. Zet het opzij en laat het afkoelen.
3. Klop de eieren los met citroenmirte, zout en peper. Voeg de bloem toe met het bakpoeder en meng. Meng ook de havermout erdoor. Verkruimel de feta. Was de dille, schud hem droog, hak hem fijn en voeg hem samen met de courgettereepjes en uienblokjes toe aan het mengsel.
4. Verhit het wafelijzer, voeg het beslag in porties toe en bak goudbruin. Laat de courgettewafels afkoelen op een rooster.

35. Mac'n'Cheese-wafels

ingrediënten

- 500 g maccheroni (korte pasta of croissantpasta)
- 200 g spek (mix)
- 2 uien
- 60 g boter
- 40 g tarwebloem (type 405)
- 500 ml melk
- 1 theelepel mosterd
- 1 snufje cayennepeper
- 400 g cheddar (of andere kaas)
- 2 eieren
- 70 g panko (of paneermeel)
- Nootmuskaat (vers geraspt)
- zout
- Peper (versgemalen)

- olie om te frituren) bereiding

1. Kook voor de Mac'n'Cheese wafels eerst de pasta in gezouten water beetgaar, giet af, spoel af met koud water en laat goed uitlekken. Terug naar de pot.
2. Snijd het spek in dunne reepjes en laat het in een pan met een beetje olie op middelhoog vuur zacht worden. Pel en snipper de ui en voeg deze toe aan het spek. Kook een paar minuten tot ze doorschijnend zijn en zet dan opzij.
3. Smelt de boter in een pan op middelhoog vuur. Voeg bloem toe en bak 1 minuut. Voeg melk toe, onder voortdurend roeren. Breng op smaak met mosterd, nootmuskaat, cayennepeper en peper. Kook ongeveer 5 minuten, onder voortdurend roeren.
4. Rasp de kaas en meng deze door de saus tot een gladde en romige saus. Voeg het spek en de ui toe en breng op smaak met een beetje zout. Voeg de saus toe aan de pasta en meng goed.
5. Roer de Eins en Panko door het pastamengsel en laat 10 minuten staan. Bak het deeg in porties in het voorverwarmde wafelijzer

goudbruin. Verwijder en laat de Mac'n'Cheese wafels afkoelen op een rooster.

36. Wafels met havermout en bananen

ingrediënten

- 2 bananen (rijp)
- 1 vanillestokje
- 150 g bloem
- 80 g volkorenmeel
- 1 eetlepel bakpoeder
- 80 g havervlokken
- 2 eetlepels suiker (bruin)
- 1 snufje zout
- een beetje kaneel (gemalen)
- 375 ml melk

- 2 eieren (groot)
- 125 ml plantaardige olie

Voor het setje:

- 1-2 bananen
- Lieve schat

opleiding

1. Voor bananenhavermoutwafels schil je eerst de bananen voor het deeg en snijd je ze in kleine blokjes. Schraap in het vanillestokje.
2. Zeef de bloem met het bakpoeder. Meng de havermout, suiker, zout en kaneel.
3. Meng de vloeibare ingrediënten melk, eieren en olie en voeg het vanillepulp toe. Voeg toe aan de droge ingrediënten en meng goed. Meng er dan de stukjes banaan door.
4. Banaan Havermoutwafels worden gebakken in een krokant, voorverwarmd, geolied wafelijzer. Het wordt geserveerd gegarneerd met plakjes banaan en honing.

37. Napolitanen met pinda's

ingrediënten

- 240 g bloem
- 1 pakje bakpoeder
- 2 eetlepels suiker (bruin)
- 1 doos zout
- 160 g pindakaas (romig)
- 60 ml plantaardige olie
- 2 eieren (groot)
- 375 ml melk

Voor het setje:

- Jam (naar keuze)
- Slagroom
- Pinda's (gehakt)

opleiding

1. Zeef voor de pindawafels eerst de bloem met het bakpoeder. Meng de suiker en het zout.
2. Mix de pindakaas met de olie, eieren en melk tot een romig geheel. Voeg het bloemmengsel toe en kneed het tot een glad deeg.
3. Bak in een ingevet en voorverwarmd wafelijzer krokant.
4. Wafels met pinda's worden geserveerd met jam, slagroom en gehakte hazelnoten.

38. Marmeren wafels

ingrediënten

- 225 gram bloem
- 1/2 theelepel bakpoeder
- 200 g boter (zacht)
- 150 gram suiker
- 1 snufje zout
- 4 eieren
- 100 ml melk
- 2-3 eetlepels cacaopoeder (ongezoet, afhankelijk van de gewenste kleur)

opleiding

1. Zeef voor de marmerwafels eerst de bloem en het bakpoeder.
2. Mix de boter met de suiker en het zout tot een schuimig mengsel. Meng geleidelijk de eieren erdoor. Voeg afwisselend het bloemmengsel en de melk toe en meng goed. Giet 1/3 van het beslag in een andere kom en meng met het cacaopoeder. Laat ongeveer 10 minuten rusten voor gebruik.
3. Doe in een ingevet en verwarmd wafelijzer eerst een beetje van het lichte beslag en dan een beetje van het donkere beslag. De marmerwafels worden krokant gebakken.

39. Meringuewafels met bosbessensaus

ingrediënten

Voor de saus:

- 1 eetlepel maizena
- 100 ml sinaasappelsap
- 2 eetlepels suiker
- 250 g bosbessen

Voor de wafels:

- 4 eiwitten
- zout
- 20 g maïszetmeel
- 1 snufje bakpoeder

- 130 g poedersuiker
- Bereiding van koolzaadolie (voor het wafelijzer).

1. Meng voor de meringuewafels met bosbessensaus eerst het zetmeel met 2 eetlepels sinaasappelsap. Breng het resterende sap met de suiker aan de kook. Roer het zetmeel erdoor en breng aan de kook. Voeg de gewassen en geplukte bosbessen toe, breng weer aan de kook en laat afkoelen.
2. Klop voor wafels de eiwitten met een snufje zout stijf. Roer geleidelijk de poedersuiker erdoor tot het mengsel glanzend is en piekt. Meng het zetmeel met het bakpoeder, zeef over de eiwitten en meng. Bak het beslag één voor één in het hete, ingevette wafelijzer tot de wafels lichtbruin zijn.
3. Er worden meringuewafels met bosbessensaus geserveerd.

40. Wafels met aquafaba

ingrediënte

n

- 120 ml melk
- 60 ml Aquafaba (vocht uit blik kikkererwten, liefst verkleind)
- 30 ml plantaardige olie
- 100 g bloem
- 1 1/2 eetlepels suiker
- 1 theelepel bakpoeder
- 1 snufje zout

opleiding

1. Meng voor de aquafaba-wafels eerst de droge en vloeibare ingrediënten apart. Meng vervolgens beide mengsels door elkaar.
2. Vet het wafelijzer in en verwarm het volgens de gebruiksaanwijzing. Giet het beslag in porties en bak tot het knapperig is.
3. Bestrooi de aquafaba-wafels voor het serveren met poedersuiker.

41. Kokoswafels met citrussalade

ingrediënten

Voor de wafels:

- 40 g kokosmelk
- 160 g bloem
- 2 theelepels bakpoeder
- 1 snufje zout
- 90 g suiker
- 125 g boter (kamertemperatuur)
- 3 eieren
- 300 ml kokosmelk (ongezoet)

Voor de salade:

- 2 sinaasappels

- 1 grapefruit
- 2 limoenen
- 1 vanillestokje
- 1 eetlepel maizena
- 250 ml sinaasappelsap
- 40 gram suiker
- Citroenbalsem

opleiding

1. Rooster voor de Kokoswafels met Citrussalade eerst de kokosvlokken in een vetvrije pan en laat ze daarna afkoelen.
2. Schil de sinaasappels, grapefruit en limoenen zodat de witte schil volledig verwijderd is. Snijd vervolgens de filets tussen de celwanden door met een scherp mes. Als het sap eruit komt, vang het dan op. Halveer het vanillestokje in de lengte en schraap het vruchtvlees eruit. Meng de maizena met 2 eetlepels van het verzamelde citroensap tot een gladde massa. Karameliseer de suiker in een pannetje. Voeg het sinaasappelsap, het vanillestokje en het vruchtvlees en de fijngehakte stengels citroenmelisse toe en breng aan de kook. Roer het zetmeel erdoor

en breng opnieuw aan de kook. Giet over het fruit en laat afkoelen.

3. Meng voor het wafelbeslag de kokosvlokken, bloem, bakpoeder en zout. Mix de boter met de suiker tot het schuimig wordt en meng er één voor één de eieren door. Meng de kokosmelk afwisselend met het bloemmengsel.

4. Bak het deeg in een wafelijzer goudbruin. Serveer kokoswafels met citrussalade met verse citroenmelisseblaadjes.

42. Wafels met rode biet

ingrediënten

- groene koriander (voor garnering)

Voor het wafelbeslag:

- 200 ml bietensap
- 50 ml sojamelk
- 1 eetlepel koolzaadbier
- 2 theelepels bakpoeder
- 1 doos zout
- 1 banaan (rijp, ca. 120-130 g geschild)

200 g volkoren speltmeel
1 theelepel citroensap
- Kokosolie (voor het wafelijzer)

Voor de pesto:

- 2 handenvol basilicum
- 1 teentje knoflook
- 40 g pijnboompitten
- 3-4 druppels citroensap
- 50 ml olijfolie
- zout
- Peper uit de molen) bereid

1. Pureer voor de bietenwafels alle ingrediënten voor het wafelbeslag in de mixer.
2. Was voor de pesto de basilicum en schud hem droog. Pel de knoflook en snijd deze in kleine stukjes. Verwerk de knoflook, basilicum, pijnboompitten, citroensap en olijfolie in een staafmixer tot een pesto. Breng op smaak met peper en zout.
3. Verwarm een wafelijzer voor en vet het licht in. Bak de armen één voor één van het deeg en open het wafelijzer pas als de randen van de wafel lichtbruin zijn.

4. Garneer met koriander en serveer met bietenpestowafels.

43. Kastanjemeelwafels met appels

ingrediënten

Voor appels:

- 2 appels
- 30 g walnotenpitten
- 2 eetlepels boter
- 1 lepel poedersuiker
- 4 cl calvados

Voor de wafels:
-
-

2 eieren

60 g suiker

- 150 g kastanjemeel
- 2 eetlepels maizena
- 1/2 theelepel bakpoeder
- 100 gram kwark
- 100 ml melk
- 75 g boter (vloeibaar)
- Boter (zacht, voor het wafelijzer)
- Bereide ahornsiroop (naar smaak).

1. Was voor de kastanjemeelwafels met appels de appels, snijd ze in vieren, verwijder het klokhuis en snijd de schijfjes in vieren. Bak in een hete pan met de grof gehakte walnoten 2-3 minuten in boter. Bestrooi met poedersuiker en laat een beetje karamelliseren. Blus af met calvados en haal van het vuur.
2. Klop voor wafels de eieren met suiker tot ze romig worden. Meng het kastanjemeel met het zetmeel en bakpoeder. Mix de wrongel met de melk en boter tot een gladde massa. Meng afwisselend met het bloemmengsel door de eierroom.
3. Bestrijk de hete wafels met boter en bak de wafels er geleidelijk in. Wafels gemaakt met

kastanjemeel bestrooid met appels en ahornsiroop dienen.

44. Bosbessenkaneelwafels

ingrediënten

- 240 g bloem
- 55 gram suiker
- 1 theelepel kaneel
- 1/2 theelepel zout
- 2 theelepels bakpoeder
- 500 ml melk (kamertemperatuur)
- 8 eetlepels boter (gesmolten)

☐
☐

- 2 eieren (maat L)
  150 g blauwe bessen (diepvries)
  Back-release spray

opleiding

1. Verwarm voor de Blueberry Cinnamon Waffles eerst het wafelijzer voor op medium.
2. Meng de bloem, suiker, kaneel, zout en bakpoeder in een middelgrote kom.
3. Meng in een grote kom de melk, boter en eieren tot je een goed gekneed mengsel krijgt.
4. Voeg de droge ingrediënten toe aan het melkmengsel en meng tot een glad deeg.
5. Voeg de bosbessen voorzichtig toe tot ze goed verdeeld zijn.
6. Spuit beide bakvlakken van het wafelijzer in met lossingsmiddel en giet ca. 60 g deeg in elke bakplaat van het apparaat. Sluit het deksel en bak ongeveer 4 minuten, tot de wafels goudbruin zijn.
7. Haal de wafels uit het wafelijzer en laat afkoelen op een rooster. Herhaal stap 6 met het resterende deeg.

8. Serveer de Blueberry Cinnamon Waffles warm.

45. Chocolade havermoutwafelcake

ingrediënten

- 115 g boter (zacht)
- 115 g melassesuiker
- 2 eieren (maat)
- 1 theelepel vanille-extract (puur)
- 60 g bloem
- 1/2 theelepel natriumbicarbonaat
- 1/4 theelepel zout
- 75 g havervlokken
- 120 g mini chocoladedruppels (donker)
- Bakken release spray

opleiding

1. Verwarm voor de Chocolate Oatmeal Waffle Cookies eerst je wafelijzer voor op medium.
2. Klop de boter en de melassesuiker in een grote kom met een handmixer luchtig.
3. Voeg de eieren en het vanille-extract toe en blijf mixen tot alles goed gemengd is.
4. Meng de bloem, bakpoeder en zout in een middelgrote kom. Voeg de droge ingrediënten toe aan de natte ingrediënten en mix tot de bloem grotendeels is opgenomen.
5. Roer de havermout en chocoladeschilfers erdoor en meng.
6. Spray beide bakvlakken van het wafelijzer in met release spray.
7. Leg op elk deel van het wafelijzer een flinke eetlepel beslag en laat voldoende ruimte over voor de koekjes om te rijzen. Sluit het deksel en bak tot de koekjes stevig en bruin beginnen te worden. Dit duurt slechts 2-3 minuten, afhankelijk van hoe heet het wafelijzer is. De koekjes moeten nog een beetje zacht zijn als ze uit het wafelijzer worden gehaald, ze worden stevig als ze afkoelen. Leg de koekjes op een rooster om af te koelen.

8. Herhaal stap 6-8 met het resterende deeg totdat alle havermout- en chocoladekoekjes gebakken zijn.

46. Wafels met glühwein

ingrediënten

- 1/2 sinaasappel (biologisch)
- 1/2 citroen (biologisch) ⬜ 150 g boter (zacht)
- 125 g suiker
- 4 eieren (M)
- 300 g tarwebloem (type 405)
- 1/2 theelepel bakpoeder
- 2 theelepels kaneelpoeder
- 1/2 theelepel kruidnagelpoeder
- 1/2 theelepel gemberpoeder
- 125 ml rode wijn (droog)
- beetje vet (voor het wafelijzer)

opleiding

1. Was voor de glühweinwafels de sinaasappel- en citroenhelften met heet water, dep ze droog en wrijf in elke kom 1 theelepel.
2. Klop de boter en suiker in een kom met de klopper van een handmixer luchtig. Mix de eieren een voor een goed door elkaar.
3. Meng de bloem, bakpoeder en kruiden in een kom en meng afwisselend met de rode wijn en de sinaasappel- en citroenschil.
4. Verwarm het wafelijzer voor, vet de bakoppervlakken licht in. Leg ongeveer 2 eetlepels beslag in het midden van het onderste bakoppervlak en sluit het wafelijzer.
5. Glühweinwafels bakken in ongeveer 2 minuten knapperig en lichtbruin. Verwijder de wafels en plaats ze op een rooster. Doe hetzelfde met de rest van het deeg en bak nog zeven wafels.

47. Bubbelwafels

ingrediënten

- 3 eieren
- 120 g boter
- 100 g suiker
- 150 g bloem
- 1 theelepel bakpoeder
- 1 theelepel maïszetmeel
- 2 theelepels vanillesuiker
- 220 ml melk
- 1 snufje zout
- Bereiding van olie (voor het afborstelen van het wafelijzer).

1. Scheid de eieren. Klop de eiwitten stijf met een snufje zout.

2. Klop de suiker, vanillesuiker en boter schuimig, voeg dan één voor één de eierdooiers toe en klop tot ze schuimig zijn.
3. Zeef de bloem met het bakpoeder en de maizena en meng geleidelijk onder de wafelroom, afgewisseld met de melk.
4. Voeg tot slot snel de stijve eiwitten toe.
5. Verwarm het wafelijzer tot medium. Vet in met olie en verdeel het deeg met een pan in het midden van het hete strijkijzer. Sluit het wafelijzer en bak de bubbelwafel goudbruin. De tijd hiervoor is afhankelijk van het wafelijzer - lees de gebruiksaanwijzing.
6. Haal de wafels met een houten spies uit het wafelijzer en laat ze afkoelen op een rooster.
7. Bubble wafels kunnen naar wens gevuld worden.
8. Als je bubbelwafels wilt serveren, plaats de wafel dan nog warm in een wafelijzer of een mooie mok en laat hem daarin afkoelen.
Vul vervolgens naar wens in.

48. Wafels met ham

ingrediënten

- 10 g boter
- 600 g aardappelen (kruimig)
- 200 g gebakken ham
- 180 g Gruyère
- 3 eieren (groot)
- 1 teentje knoflook
- 2 eetlepels peterselie (gehakt)
- 1 snufje paprikapoeder
- zout
- Peperbereiding (versgemalen).

1. Verwarm het wafelijzer.
2. Rasp de aardappelen fijn (kan heel snel met het foodprocessor opzetstuk).

3. Snijd de in de oven gebakken ham in kleine stukjes, rasp de kaas, klop de eieren los.
4. Smelt de boter.
5. Meng de aardappelen met de ham, kaas, eieren, peterselie en paprika en breng op smaak met zout en peper.
6. Vet het wafelijzer in met gesmolten boter, giet snel het mengsel en bak de wafels (ca. 10 min.).
7. Werk snel, want de aardappelen laten water achter.
8. Schik en serveer de wafels.

49. Honingwafels met chocoladesaus

ingrediënten

Chocolade saus:

50 g boter

150 g kookchocolade

100 ml slagroomwafels:

- 150 g boter (zacht)
- 3 eieren
- 250 g bloem
- 1 theelepel natriumbicarbonaat
- 250 ml melk
- 4 eetlepels honing
- 1 snufje zout

Naast dit:

- Boter (voor het wafelijzer)
- Bereiding van chocoladeschilfers (ter decoratie).

1. Bereid voor honingwafels met chocoladesaus eerst de saus. Verwarm hiervoor de room en boter op middelhoog vuur, hak de chocolade fijn en los deze onder voortdurend roeren op in de room. (Laat de chocolade niet te heet worden!!) en houd hem warm tot je klaar bent om hem te gebruiken.

2. Verwarm het wafelijzer en bestrijk het met een beetje vloeibare boter. Klop voor de wafels de boter luchtig, voeg één voor één de eieren toe en meng de honing en melk erdoor.
3. Zeef de bloem, het zout en het bakpoeder en roer door het wafelmengsel. Leg ongeveer 2 eetlepels beslag in het midden van het onderste wafelijzer en sluit het wafelijzer. Bak elke wafel in ongeveer 2 minuten goudbruin.
4. Leg de afgewerkte wafels op een grill en serveer de honingwafels met chocoladesaus.

50. Wafels met karnemelk

ingrediënten

- 250 g bloem
- 3 theelepels bakpoeder
- 1 lepel suiker
- 3 stuks eieren
- 1 snufje zout
- 90 g boter (vloeibaar)
- 400 ml karnemelk
- Vet (voor wafelijzer)
- Bereiding van poedersuiker (om te bestrooien).

1. Meng voor de karnemelkwafels de bloem, het bakpoeder, de suiker en het zout.
2. Meng de vloeibare ingrediënten goed, verwerk de droge en vloeibare componenten van het wafeldeeg tot een glad deeg en laat het 10 minuten rusten.
3. Verwarm en vet het wafelijzer voor. Verdeel ongeveer 125 ml beslag op het wafelijzer, sluit de deksel en bak de wafel in ongeveer 2 minuten goudbruin. Doe hetzelfde met de rest van het deeg.
4. Serveer karnemelkwafels gegarneerd met munt.

51. Toren van wafels met kersencompote

ingediënten

400 g cherrie s
- onbehandelde citroenschil
- 1 stokje kaneel
- 175 g suiker
- kersensap
- 1 eetlepel roompoeder met vanillesmaak
- 125 ml margarine of boter
- 1 snufje zout
- 3 eieren
- melk 250 g
- meel
- 1 theelepel bakpoeder
- 300 ml slagroom
- wat poedersuiker voor glazuur

Voorbereidingsstappen
1. Was de kersen met steeltjes en kook ze samen met citroenschil, kaneel, 2 eetlepels suiker en kersensap en kook 5 minuten op laag vuur.
2. Meng het puddingpoeder en een beetje water tot een gladde massa en bind het kersenvocht ermee vast. Laat de kersen afkoelen.
3. Meng voor het wafelbeslag het vet, het zout, de eieren, de melk, de bloem, het bakpoeder en de rest van de suiker tot een glad beslag en leg 8 gouden wafels in het wafelijzer. Leg de wafels op een rooster om af te koelen.
4. Klop de slagroom stijf en giet in een spuitzak met stervormige spuitmond.
5. Voor de wafeltoren: leg op elk bord 1 wafel, strooi de room erover en leg de volgende wafel erop. Herhaal dit proces totdat je wafels op zijn. Bestuif met poedersuiker.
6. Garneer met de rest van de room en serveer met een beetje kersencompote. Serveer de rest van de kersen apart.

52. Wafelburger met vanille-ijs en advocaat

ingrediënten

- 8 kleine wafels om te bakken
- 1 tube chocoladedecoratie (chocoladeschrift)
- 4 eetlepels abrikozenjam
- 1 pakje (900 ml) ijs (vanille met smog)

Voorbereidingsstappen

1. Bak de wafels en laat ze afkoelen. Verwarm het chocoladeschrift volgens de instructies.
2. Versier 4 wafels met dunne chocoladeschrijflijnen. Laat het stevig worden.
3. Besmeer de overige wafels met abrikozenjam.
4. Giet geportioneerd vanille-eierpunch-ijs over de wafels. Bedek met de overige wafels.

53. Hartige wafels met yoghurt en radijs

ingrediënten

- 700 g gekookte aardappelen van de dag ervoor
- 2 eieren
- 80 ml havermoutdrank (havermelk)
- 150 g volkoren meel
- zout
- peper uit de molen
- 1 snufje geraspte nootmuskaat
- 40 g gemengde kruiden (bijv. peterselie, salie, tijm, dille)
- 2 eetlepels olijfolie
- 1 lente-ui
- 5 radijsjes
- 30 g hazelnootpitten
- 300 g yoghurt (3,5% vet)

Voorbereidingsstappen

1. Pureer de aardappelen. Voeg de eieren, havermoutdrank, bloem, zout, peper en nootmuskaat toe en meng goed. Was de kruiden, schud droog, trek de blaadjes eraf en hak fijn. Vouw onder het aardappelmengsel. Doe een beetje olijfolie in het hete wafelijzer. Bak geleidelijk 6-8 wafels.
2. Schil, was en snijd intussen de lente-uitjes en radijsjes. Hak de hazelnoten grof. Serveer de hartige wafels met een klodder yoghurt en bestrooid met lente-uitjes, radijsjes en hazelnoten.

54. Zoete pompoenwafels

ingrediënten

- 200 g volkoren speltmeel
- 1 eetlepel bakpoeder
- 1 snufje zout
- 1 theelepel kaneel
- 1 vanillestokje (pulp)
- 3 eieren (maat m)
- 160 ml melk (1,5% vet) (of plantaardige melk)
- 150 g pompoenpuree
- 2 eetlepels ahornsiroop (meer voor garnering, indien nodig)

Voorbereidingsstappen

1. Meng het hele speltmeel, bakpoeder, zout, kaneel en het vruchtvlees van een vanillestokje in een grote kom.
2. Klop in een andere kom de eieren schuimig. Meng vervolgens de melk, dan de pompoenpuree en de ahornsiroop met het eierschuim.
3. Voeg nu het ei- en pompoenmengsel toe aan het bloemmengsel en meng goed.
4. Verwarm het wafelijzer voor. Giet vervolgens, afhankelijk van de grootte van de machine, ongeveer twee eetlepels beslag in het midden van het hete wafelijzer, sluit het deksel en

bak in ongeveer drie tot vijf minuten goudbruin.
5. Serveer de afgewerkte pompoenwafels besprenkeld met ahornsiroop zoals gewenst.

55. Chocolademousse met wafels en kersen

ingrediënten
- 120 g donkere chocoladecoating
- 1 ei
- 1 eigeel
- 20 ml rum
- 300 ml slagroom
- 100 g chocoladewafeltjes
- 8 kopjes zure kersen
- 50 g melkchocolade

Voorbereidingsstappen
1. Hak de chocolade grof en smelt deze al roerend in een metalen kom boven een heetwaterbad. Haal weer van het vuur en laat afkoelen.
2. Doe het ei en de dooier in een andere ketel en klop tot het wit wordt in het waterbad. Haal van het vuur en giet al roerend de gesmolten coating. Werk af met rum.
3. Klop de room niet helemaal op totdat deze stijf wordt en meng snel in de eerste helft, meng dan voorzichtig de rest. Giet het mengsel in een kom en zet het minstens 4 uur in de koelkast, of liever een nacht. Breek de wafels in stukjes en doe in decoratieve glaasjes met mousse en een of twee Amarenakersen. Rasp de chocolade en versier het dessert ermee.

56. Wafels uit het wafelijzer

ingrediënten

- 250 g bloem ▢ 2 eetlepels suiker ▢ 1 snufje zout
- 2 eieren
- 90 g vloeibare boter
- 350 ml karnemelk
- 1 theelepel bakpoeder
- vloeibare boter om in te vetten
- vanille-ijs om erbij te serveren

Voorbereidingsstappen

1. Zeef de bloem, suiker en zout in een kom. Maak een depressie in het midden. Scheid de eieren. Klop de eidooiers, boter en karnemelk door elkaar, giet in de kom en meng geleidelijk door het bloemmengsel tot een glad beslag. Laat het deeg 20 minuten weken. Verwarm

ondertussen het wafelijzer voor. Meng het bakpoeder door het deeg. Klop de eiwitten stijf en spatel ze door het beslag.
2. Vet het wafelijzer in met gesmolten boter en giet een klein klodder beslag in elke wafel. Bak elke wafel in ongeveer 3 minuten goudbruin. Ga door tot het deeg op is. Schik de wafels op borden, serveer er bolletjes vanille-ijs op en serveer direct.

57. Kwarkgratin met bessen

ingrediënten

- 400 g gemengde bessen
- 4 eieren
- 1 onbehandelde citroen
- 1 vanillestokje ▯ 500 g kwark
- 50 g voedingszetmeel

- 80 g poedersuiker
- 20 ml rum
- 50 g suiker

Voorbereidingsstappen

1. Was de bessen en droog ze af met keukenpapier. Scheid de eieren. Verwarm de oven voor op "braden". Was de citroen, rasp de schil fijn met een keukenrasp en dan

2.

pers het sap uit. Halveer het vanillestokje en schraap het vruchtvlees eruit.

Meng de kwark met de eidooiers, het zetmeel en de poedersuiker. Voeg rum, geschraapte vanille, citroenschil en -sap toe en meng goed. Gebruik een handmixer in een vetvrije metalen kom om de eiwitten en suiker te kloppen tot zich stijve pieken vormen en spatel voorzichtig het kwarkmengsel erdoor.

3. Verdeel de bessen in ovenschotels en verdeel het kwarkmengsel erover. Gratin in de voorverwarmde oven. Houd het dessert constant in de gaten terwijl het gegratineerd is, want het wordt plotseling bruin en moet dan onmiddellijk van het vuur worden gehaald. Vers gebakken wafels en een bessensorbet passen er goed bij.

58. Hartige wafels met knoflookworst

ingrediënten

- 4 dunne plakjes chorizo
- 4 zongedroogde tomaten zonder olie
- 150 g zachte boter
- 3 eetlepels roomkaas
- 375 g bloem
- 40 g geraspte Parmezaanse kaas
- zout
- 200 ml mineraalwater
- plantaardige olie voor het wafelijzer

Voorbereidingsstappen

1. Snijd de chorizo en tomaten in de fijnste reepjes. Meng de boter met de crème fraîche, bloem, kaas en een snufje zout in een kom.

2.

Meng geleidelijk het water erdoor met behulp van de deeghaak op de handmixer. Kneed alles tot een soepel deeg.

Verwarm het met olie ingevette wafelijzer voor en voeg per wafel ongeveer 1 eetlepel beslag toe. Bestrooi met wat van het chorizo- en tomatenmengsel en bedek met 1 eetlepel van het beslag. Sluit het wafelijzer. Bak de wafels goudbruin en serveer.

59. Wafelcake met slagroom en kersenvulling

ingrediënten

- 500 g gemengde kersen
- 250 g mascarpone
- 1 theelepel citroensap
- ½ theelepel biologische citroenschil
- 2 eetlepels ahornsiroop
- 100 ml slagroom
- munt voor garnering
- boter voor het wafelijzer

Voorbereidingsstappen

1. Splits de eieren en klop de eiwitten met zout stijf. Klop de eidooiers met de zachte boter, suiker en vanillesuiker romig. Meng melk en bloem afwisselend. Voeg de eiwitten toe. We

2.
    bakken ongeveer 4 wafels achter elkaar van het deeg.

    Was de kersen, laat ze uitlekken en laat ze heel of ontpit naar wens. Meng de mascarpone met het citroensap, de rasp en de siroop. Klop de slagroom stijf en meng. Zoeten indien gewenst.

3. Leg een wafel op een bord en verdeel 1/4 van de room erover. Bestrooi met kersen en plaats een wafel. Doe op deze manier alle ingrediënten in een kleine cake en serveer gegarneerd met munt.

60. Notenroomijs met wafels

ingrediënten
- 40 g gehakte walnoten

- 40 g gemalen walnoten
- 200 g room
- 300 ml melk
- 1 vanillestokje
- 5 eetlepels suiker
- 5 eierdooiers
- 50 ml Italiaanse walnotenlikeur
- ¼ theelepel gemalen kaneel
- wafelrollen voor decoratie

Voorbereidingsstappen
1. Rooster de noten zonder vet en zet apart.

2. Meng de melk en room met het vanillestokje en het vruchtvlees en breng aan de kook.
3. Klop de eidooiers met de suiker in een kom romig. Roer de hete melkroom door de eidooierroom, giet alles terug in de pan en klop op laag vuur onder voortdurend roeren tot de saus kookt, niet laten koken.
4. Zeef de vanillesaus door een zeef, laat afkoelen, bestrooi het dunne oppervlak met suiker zodat er geen vel ontstaat.
5. Meng vervolgens de gemalen noten, likeur en kaneel erdoor. Bevries het mengsel in een ijsmachine. (Of giet in een platte metalen kom, zet in de koelkast en vries in ongeveer 3 uur in, waarbij je elke 30 minuten krachtig roert.)
6. Vorm het ijs voor het serveren met een ijslepel tot balletjes en leg ze op gekoelde dessertschalen, bestrooid met gehakte walnoten en gegarneerd met wafelrolletjes.

61. Bessensorbet met exotisch fruit

ingrediënten

- 200 g suiker
- 250 g bevroren frambozen
- 2 eetlepels citroensap
- 300 ml mousserende wijn
- 2 pitahaya's
- 8 lychees
- munt voor garnering
- stervormige wafels (eindproduct)

Voorbereidingsstappen

1. Kook de suiker met 200 ml water ongeveer 15 minuten en laat afkoelen. Laat de frambozen ontdooien, houd wat mooie bessen apart. Pureer de rest van de bessen met citroensap, zeef door een fijne zeef en meng met de

mousserende wijn en suikersiroop, giet alles in een platte metalen kom. Laat minimaal 4 uur invriezen, vaak roerend met een vork, zodat de kristallen niet te groot worden.
2. Snijd voor het serveren de pitahaya's doormidden en snijd kleine balletjes van het vruchtvlees. Halveer de lychee, verwijder de zaadjes en verwijder het vruchtvlees van de schil.
3. Serveer de fruit- en frambozensorbet, garneer met munt en sterwafels.

62. Lactosevrije wafels

ingrediënten

- 200 g zachte boter min l voor de vorm
- 150 g suiker
- 4 eieren
- 200 g bloem
- ¼ theelepel gemalen kaneel
- 1 theelepel bakpoeder
- 20 g gemalen amandelen
- 100 ml minus houdbare melk 1,5%
- min zachte boter om in te bakken
- poedersuiker voor glazuur

Voorbereidingsstappen

Mix de boter met de suiker tot een romig geheel.

Voeg geleidelijk de eieren toe en klop tot ze schuimig zijn. Meng de bloem, kaneel, bakpoeder en amandelen en meng dit gelijkmatig door het schuim met de melk. Laat het 10-15 minuten rusten.

Vet het wafelijzer in met een beetje boter, leg een beetje deeg (ongeveer een karretje) in het midden en bak geleidelijk gouden wafels.

Leg de wafels op borden en bestuif ze met poedersuiker. Het wordt direct en warm geserveerd.

63. Chocoladewafelrepen

ingrediënten

- 4 wafelbladen ca. 30x45 cm
- 400 g pure chocolade
- 400 g coating met volle melk
- 200 g kokosolie
- 250 ml slagroom
- 150 g gehakte amandelen
- 100 g witte coating
- 150 g sinaasappelschil
- 100 g gedroogde kersen of veenbessen
- gekleurde suikerbloem

Voorbereidingsstappen

1. Leg een wafelblad op een bakplaat en omring het met een bakraam.

2. Hak beide chocolaatjes grof en smelt ze al roerend samen met de kokosolie en room boven een heetwaterbad. Haal van het vuur, roer de noten erdoor en laat een beetje afkoelen. Leg ongeveer 1/3 ervan op de wafelbodem en strijk het glad. Plaats nog een wafel en ga zo door tot alle ingrediënten op zijn. Werk af met een wafel en zet minimaal 2 uur in de koelkast.
3. Snijd voor de garnering de witte laag fijn en laat deze smelten. Snijd de sinaasappelschil fijn.
4. Haal de cake voorzichtig uit de vorm (eventueel met een klein mesje langs de rand verwijderen) en bestrijk met licht afgekoelde witte chocolade. Bestrooi met sinaasappelschil en kersen en versier met suikerbloemen. Laat het weer stollen en serveer in stukjes gesneden met een scherp mes.

64. Gevulde wafels

ingrediënten

- 1 appel
- 4 eetlepels zachte boter
- 1 lepel honing ▢ 50 g boter
- 2 eetlepels suiker
- 1 snufje zout ▢ 3 eieren
- 100 ml melk
- 1 theelepel bakpoeder
- 150 g bloem

Voorbereidingsstappen

1. Schil en snijd de appel, klokhuis en kwart. Zweet het kort aan in 1 eetlepel hete boter met honing en haal het van het vuur.
2. Meng voor het wafelbeslag 2 eetlepels boter met de suiker en het zout tot een romig geheel. Voeg geleidelijk de eieren toe en meng

vervolgens afwisselend de melk en de bloem gemengd met het bakpoeder.
3. Vet een heet dubbel wafelijzer (bijv. met kleine ronde inkepingen) in met een beetje boter. Giet het deeg in de kuiltjes en laat het een beetje bakken. Leg op elke helft een paar appelblokjes en sluit het wafelijzer. Bak goudbruin en haal uit het wafelijzer.

65. Napolitanen met pinda's

ingrediënten
- 240 g bloem
- 1 pakje bakpoeder
- 2 eetlepels suiker (bruin)

- 1 snufje zout
- 160 g pindakaas (romig)
- 60 ml plantaardige olie
- 2 eieren (groot)
- 375 ml melk Voor de set:
- Jam (naar keuze)
- Slagroom
- Pinda's (gehakt)

Voorbereiding

1. Zeef voor de pindawafels eerst de bloem met het bakpoeder. Meng de suiker en het zout.
2. Mix de pindakaas met de olie, eieren en melk tot een romig geheel. Voeg het bloemmengsel toe en kneed tot een glad deeg.
3. Bak in een ingevet en voorverwarmd wafelijzer krokant.
4. Pindawafels geserveerd met jam, slagroom en gehakte hazelnoten.

66. Wafelijzer Hash Browns

ingrediënten

- 3 kopjes bevroren hash browns
- 2 eetlepels olie
- ½ theelepel zout

instructies:

1. Ontdooi bevroren hash browns in de magnetron, ongeveer 2-4 minuten op de hoogste stand. Het vermogen van de magnetron varieert, dus controleer de hash browns tijdens het ontdooien. Meng na het ontdooien de olie en het zout door de

aardappelen. Verwarm het wafelijzer voor. Vet de wafelijzerbakplaat in met olie. Zodra het wafelijzer warm en klaar is, leg je de aardappelen op de bakplaat van het wafelijzer en strijk je ze glad zodat ze plat zijn. Sluit het deksel van het wafelijzer en druk op het deksel. Volg de instructies van de fabrikant op het wafelijzer en kook de hash browns tot ze goudbruin en krokant zijn, ongeveer 10-14 minuten. Open het wafelijzer en verwijder voorzichtig de kruimels uit het wafelijzer. Chaffles zijn een snack, dessert of zelfs een koolhydraatarme maaltijdoptie, die brood zal vervangen, maar nog steeds heerlijk smaakt! Je kunt ze gebruiken als vervanging voor wafels of om een compleet nieuw gerecht te maken!

67. Keto Pindakaasbeker

ingrediënten

- Kaf
- 1 ei
- 1 eetlepel zware room
- 1 eetlepel ongezoete cacao
- 1 eetlepel Lakanto poederzoetstof
- 1 theelepel kokosmeel
- 1/2 theelepel vanille-extract
- 1/2 theelepel koekjesdeegsmaak (wij gebruiken deze)
- 1/4 theelepel bakpoeder

Pindakaas vulling

- 3 eetlepels volledig natuurlijke pindakaas

- 2 eetlepels Lakanto zoetstof in poedervorm
- 2 eetlepels slagroom

instructies:

2. Verwarm het mini wafelijzer voor.
3. Meng in een kleine kom alle ingrediënten voor de topping.
4. Giet de helft van het beslag in het midden van het wafelijzer. Laat het 3-5 minuten koken.
5. Verwijder voorzichtig en herhaal voor de tweede kruimel. Laat het kaf een paar minuten staan zodat het knapperig wordt.
6. Meng voor de pindakaasvulling alle ingrediënten door elkaar en verdeel over de lagen.

68. Keto Strawberry Shortcake Chaffle

ingrediënten

- 1 ei
- 1 eetlepel slagroom voor de slagroom
- 1 theelepel kokosmeel
- 2 lepels. Lakanto Golden Sweetener (Gebruik buttersamen voor 20% korting)
- 1/2 tl koekjesdeeg extract
- 1/4 theelepel bakpoeder

instructies:

1. Verwarm het mini wafelijzer voor.
2. Meng in een kleine kom alle ingrediënten voor de topping.

3. Giet de helft van het beslag in het midden van het wafelijzer. Laat het 3-5 minuten koken. Als het kaf omhoog komt, tilt u het deksel voorzichtig een paar seconden op totdat het begint te rijzen

ga terug naar beneden en doe het deksel er weer op als het klaar is. Verwijder voorzichtig en herhaal voor de tweede kruimel. Laat het kaf een paar minuten staan zodat het knapperig wordt. Voeg de gewenste hoeveelheid slagroom en aardbeien toe en genieten maar!

69. Heerlijk Keto Pizza Chaffle Recept

ingrediënten

Vertrekkorst

- 1 ei
- 1/2 kopje Mozzarella-kaas
- 1 theelepel kokosmeel
- 1/4 theelepel bakpoeder
- 1/8 theelepel knoflookpoeder
- 1/8 theelepel Italiaanse kruiden
- Zout mes tip

pizza beleg

- 1 eetlepel Rao Marinara Saus
- 1/2 kopje Mozzarella-kaas

- 3 Pepperoni, in vieren
- Geraspte Parmezaanse kaas, optioneel
- Peterselie, optioneel

instructies:

1. Verwarm de oven voor op 400 graden. Verwarm ook het wafelijzer voor.
2. Meng in een kleine kom het ei, de mozzarella, het kokosmeel, het bakpoeder, het knoflookpoeder, de Italiaanse kruiden en het zout.
3. Giet de helft van het beslag in het midden van het wafelijzer. Laat het 3-5 minuten koken.
4. Verwijder voorzichtig en herhaal voor de tweede kruimel.
5. Bestrooi elke chaffle met saus, mozzarella en pepperoni.
6. Leg de vlechten op een bakplaat en zet ze 4-5 minuten in de oven en bak ze daarna 1 minuut.
7. Verwijder en bestrooi met wat peterselie of basilicum, indien gewenst. Genieten van!

70. Recept voor Keto-chocoladechaffle

ingrediënten

- 1/2 kop geraspte Mozzarella-kaas
- 1 groot ei
- 1 eetlepel ongezoet cacaopoeder
- Stevia extract poeder poeder

instructies:

1. Verwarm het wafelijzer voor en spuit het in met anti-aanbakspray. Klop het ei, cacaopoeder en stevia in een middelgrote kom. Voeg de kaas toe en mix tot alles goed gemengd is. Giet het wafelbeslag in het wafelijzer en bak tot het klaar is - de exacte tijd verschilt per wafelijzer. Als je klaar bent

met koken, laat je 3 minuten afkoelen - de smaak zal hard worden. Serveer warm met je favoriete toppings.

71. Broodje tosti

ingrediënten

- 2 sneetjes sandwichbrood
- 3 oz cheddar kaas
- 2 eetlepels gezouten boter op kamertemperatuur

instructies:

1. Verwarm het wafelijzer voor terwijl je de broodjes in elkaar zet. Beboter een boterham, slechts aan één kant (dit is de kant die in direct contact komt met het wafelijzer). Leg de sneetjes kaas op dit sneetje brood en besmeer het andere sneetje brood met boter, alleen aan één kant. Leg de niet-ingevette kant op de kaas en leg

vervolgens dit hele broodje op het wafelijzer. Sluit de bovenkant van het wafelijzer, maar druk niet naar beneden en verkruimel de sandwich. Laat dit 3-5 minuten koken tot het brood bruin en krokant is en de kaas gesmolten is. Genieten van!

72. Browniebeslagwafels met aardbeiensiroop

ingrediënten

Voor het browniebeslag:

- ½ kopje bloem voor alle doeleinden
- 2 eieren
- 1 theelepel bakpoeder
- 1 kopje cacaopoeder
- ¼ kopje bruine suiker
- ½ kopje gemalen amandelen
- ¼ kopje ongezouten boter (blokjes)
- 1 theelepel vanille-extract
- 1 kopje melk
- Een snufje zout
- Voor de aardbeiensaus:
- 2 kopjes aardbeien

- 1 eetlepel citroensap
- ½ kopje bruine suiker
- 1 theelepel vanille-extract

instructies:

2. Neem een grote kom en meng de bloem, bakpoeder, cacaopoeder, suiker, zout en gemalen amandelen. Meng de droge ingrediënten goed tot ze volledig zijn gecombineerd. Meng geleidelijk de eieren, boter, vanille-extract en melk erdoor. Klop het deeg glad en romig. Zet het wafelijzer aan en vet in met plantaardige olie. Giet ⅓ kopje beslag in het verwarmde wafelijzer en kook tot het gaar is. Herhaal de procedure voor het resterende deeg. Was en snijd de aardbeien.

3. Zet een pan op middelhoog tot hoog vuur en voeg de aardbeien, het citroensap, de suiker en het vanille-extract toe. Roer constant. Na 10 minuten, wanneer de aardbeien beginnen af te breken en de suiker volledig is opgelost, haal je het van het vuur. Breng de saus over naar een blender en meng grondig (optioneel). Giet de aardbeiensiroop over de warme wafels en serveer.

73. Hashbrowns met wafels

ingrediënten

- bevroren zak Cascadian Farm™ Spud Puppies™ Frozen Organic Golden Crispy Potatoes
- Zout naar smaak
- Ketchup om te serveren, indien gewenst

betreden

1. Voorkom dat het scherm donker wordt tijdens het koken. Spuit een heet wafelijzer royaal in met anti-aanbakspray. Plaats de Cascadian Farms™ Spud Puppies bovenop het hete wafelijzer. Druk het wafelijzer dicht, gebruik zo nodig een beetje druk om het deksel langzaam over de Puppies Spud te laten zakken. Open na 1 minuut het wafelijzer en voeg indien nodig eventuele spudpuppy's toe

aan de lege plekken. Sluit het deksel en kook tot het krokant en goudbruin is. Haal uit het wafelijzer. Spring licht.

Serveer eventueel met ketchup.

74. Chocoladewafelcakes

Ingrediënten:

- 1/2 kop lichtbruine suiker per pakket
- 1/4 kop suiker
- 1/2 kop boter, gesmolten
- 1 ei
- 1 theelepel vanille-extract
- 1 kop plus 2 eetlepels bloem voor alle doeleinden

- 1/2 theelepel zout
- 1/4 theelepel natriumbicarbonaat
- 1/2 kopje melkchocoladeschilfers
- banketbakkerssuiker (optioneel)

Routebeschrijving:

1. Verwarm het wafelijzer voor op middelhoog vuur en vet het strijkijzer in.
2. Meng de suiker, boter, ei en vanille in een grote kom. Voeg geleidelijk de bloem, het zout en het bakpoeder toe aan het mengsel.
3. Roer de chocoladeschilfers erdoor.
4. Laat het beslag met bolletjes op het wafelijzer vallen (ik gebruik graag een ijsschep).
5. Bak 1-2 minuten of tot ze goudbruin zijn.
6. Haal de koekjes met een tang uit het strijkijzer en leg ze op een rooster om af te koelen. Bestuif met banketbakkerssuiker (optioneel).

75. hamburgers met wafels

Ingrediënten:

- Grasgevoerd rundergehakt
- Zout
- Peper

Routebeschrijving:

1. Kruid het vlees en vorm er een heel dun pasteitje van. Plaats in het wafelijzer en bak ongeveer vier minuten.
2. Als het pasteitje gaar is, haal je het uit het wafelijzer. Als je een kaaswafelburger wilt, leg hem dan op het kaasbedje, doe hem in het wafelijzer en laat hem heel kort wafelen - ongeveer vijf seconden. Garneer met de kruiden naar keuze. Geniet van de triomf van het belachelijke.

76. Chocoladewafels

ingrediënten

- Chocolade wafels
- 1 kopje appelmoes
- 4 eieren
- 4 eetlepels kokosmeel
- 1 kopje superfijn geblancheerd amandelmeel
- 1/2 theelepel natriumbicarbonaat
- 1/4 theelepel zeezout
- 1/2 theelepel puur vanille-extract
- 4 eetlepels cacaopoeder
- 1/4 kop donkere chocoladeschilfers
- Chocolade saus
- 2 eetlepels kokosolie
- 1/4 kop donkere chocoladeschilfers

- Krijg ingrediënten met witlof

instructies:
1. Combineer alle ingrediënten voor de wafel in een grote kom en mix tot alles goed gemengd is. Zet het wafelijzer op hoog. Giet 3/4 kop in het wafelijzer en bak 4 - 5 minuten. Verwijder en herhaal.
2. Doe voor de chocoladesaus de kokosolie en pure chocoladeschilfers in een pannetje op laag vuur en smelt de chocolade.
    Klop om te combineren en giet over wafels.

77. Paleo wafels

Ingrediënten:

- 2 grote groene bakbananen (ongeveer 2,5-3 kopjes gehakt)
- 4 eieren (als de bakbananen erg groot zijn, voeg dan een extra ei toe)
- 2 eetlepels vanille
- 3 eetlepels extra vierge kokosolie
- 1/8 theelepel zout (een flinke snuif)
- ½ theelepel natriumbicarbonaat

Voorbereiding

1. Schil de bakbananen (ik vind het makkelijker om ze in vieren te snijden voordat je ze pelt) en doe de brokken in een blender (bij voorkeur) of keukenmachine (goed) samen met de eieren. Blend tot een glad beslag (als

je blender een smoothiefunctie heeft, werkt dat hier goed).
2. Voeg de rest van de ingrediënten toe aan de blender of keukenmachine en verwerk nog een minuut op de hoogste stand (of 2-3 minuten met een keukenmachine om een heel fijn beslag te krijgen).
3. Verwarm het wafelijzer tot maximaal. Giet het beslag in het wafelijzer en bak volgens de instructies van de fabrikant ongeveer 4 1/2 minuut voor Belgische stijl (dikke wafels). Haal uit het wafelijzer en serveer!

78. Notenvrije Sun Butter Bananenwafels

- 2 bananen, gepureerd
- 2 eieren
- 1 kop zonnebloempitboter (of andere noten-/zaadboter)
- 2-3 eetlepels ahornsiroop (voeg meer toe voor meer zoetheid)
- 1 theelepel vanille
- 1 eetlepel arrowrootmeel
- 1 kaneellepel
- 1/2 theelepel natriumbicarbonaat

Voorbereiding

1. Vet het wafelijzer in met kokosolie en zet het op het vuur.

2. Combineer alle ingrediënten in een keukenmachine tot een gladde massa.
3. Zodra het wafelijzer is verwarmd, plaatst u het beslag in het midden van het wafelijzer totdat het bijna de randen bereikt (laat wat ruimte over om uit te rekken).
4. Sluit het deksel en laat het garen volgens de instructies van je wafelijzer.
5. Verwijder de wafel en serveer onmiddellijk, bestrooid met fruit, grasboter, ahornsiroop, enz.
6. Bewaar extra in de vriezer en warm ze later op in de broodrooster!

79. Graanvrije Buffalo Chicken-wafels

- Wafels met buffelkip
- 1-1,5 kopjes gekookte kip, in blokjes gesneden
- ½ kopje hete saus (ik gebruik Frank's)
- 2 groene uien, witte en lichtgroene delen fijngehakt
- 1 kopje geblancheerd amandelmeel
- ½ kopje tapiocameel
- 6 eetlepels kokosmeel (¼ kopje plus 2 eetlepels)
- 1 theelepel knoflookpoeder
- ¾ theelepel natriumbicarbonaat
- ¼ theelepel cayennepeper
- 2 eieren
- 1 kopje kokosmelk (vol vet)

- ¼ kopje ghee, boter of olie naar keuze, gesmolten en meer voor het invetten van het wafelijzer
- zout en peper

Voorbereiding
1. Verwarm een wafelijzer voor.
2. Klop in een grote kom het amandelmeel, tapiocameel, kokosmeel, knoflookpoeder, cayennepeper en bakpoeder door elkaar. Klop in een kleine kom de eieren, kokosmelk, hete saus en gesmolten boter door elkaar. Voeg langzaam de natte ingrediënten toe aan de droge ingrediënten, mix om te combineren. Meng de kip en groene uien door het beslag.
3. Smeer wat gesmolten boter op de boven- en onderkant van het wafelijzer en giet ongeveer een halve kop van het beslag in de bodem van het wafelijzer (ik laat ongeveer 2,5 cm ruimte vrij rond de rand van het wafelijzer, alleen de middelste, maar het wafelijzer kan anders zijn!). Sluit het deksel en bak volgens de instructies van het wafelijzer tot het gaar en lichtbruin is (meestal tot de stoom stopt). Herhaal met het resterende beslag tot alle wafels gemaakt zijn.

4. Serveer de wafels met hete saus en blauwe kaas als je trek hebt. Eieren met dooiers zijn ook perfecte toevoegingen. Ik kan niet stoppen met het eten van deze koud, maar ze zijn geweldig opgewarmd in een broodrooster!

80. Vanillecakebeslag Vijgen Ahornsiroopwafels

ingrediënten

- 8 zwarte missievijgen, gesteeld en in vieren
- 1/2 kopje pure ahornsiroop
- sap van 1/2 sinaasappel
- 6 grote eieren
- 1/3 kopje kokosmeel
- 1/3 kopje ongezoete appelmoes

- 1/4 kopje vanille kokosboter koekjesdeeg
- 1 theelepel vanille
- 1/3 kopje amandelboter
- 1 kleine rijpe banaan
- 1 theelepel bakpoeder
- 1/8 theelepel kaneel
- optionele garnering: gehakte walnoot

Routebeschrijving

1. Voeg in een kleine steelpan vijgen, ahornsiroop en sap van 1/2 sinaasappel toe. Aan de kook brengen. Laat 10 minuten sudderen. Haal van het vuur. Het wordt opzij gelaten om te verdikken. Meng in een middelgrote kom de eieren, kokosmeel, appelmoes, kokosboter, vanille, amandelboter, banaan, bakpoeder en kaneel. Mix tot een gladde massa, maar meng niet te lang. Giet in een ingevette, verwarmde Belgische wafelijzer 1/2 kopje beslag in het midden van het wafelijzer. Kook tot het klaar is. Leg de wafels op een bord en decoreer met vijgen-ahornsiroop...garneer met gehakte walnoten (optioneel). Genieten van!

81. Zonnebloemboterwafels met amandelmeel

- 1 1/2 kopjes amandelmeel
- 3 eieren (wit en eigeel gescheiden)
- 3/4 kop ingeblikte kokosmelk (vol vet)
- 1/4-1/2 kopje amandelmelk
- 1/4 kopje zonnebloemboter
- 3 eetlepels honing of ahornsiroop
- 1 theelepel vanille
- 1/2 theelepel natriumbicarbonaat
- kaneel, naar smaak
- Zout naar smaak

Voorbereiding

2. Zet het wafelijzer aan om op te warmen.

3. Klop de eidooiers en kokosmelk los. Combineer het amandelmeel, bakpoeder, kaneel en zout in een aparte kom.
4. Voeg natte ingrediënten toe om te drogen en meng. Voeg honing/ahornsiroop, vanille en zonnebloempitboter toe en blijf mixen. Voeg vervolgens amandelmelk toe. Begin met 1/4 kop en voeg indien nodig meer toe. Je wilt dat het mengsel luchtig blijft, niet dun. Klop de eiwitten in een staande mixer tot luchtige en stijve pieken (dit duurt een paar minuten). Spatel de eiwitten door het beslag. Giet het beslag in het wafelijzer en bak tot de gewenste knapperige kleur. Top met fruit, grasboter, ahornsiroop, chocoladeschilfers, meer notenboter, enz.

82. Kaneelchocoladewafels

- 1 1/2 kopjes amandelmeel
- 3 eieren (wit en eigeel gescheiden)
- 3/4 kop ingeblikte kokosmelk (vol vet)
- 1/4-1/2 kopje amandelmelk
- 3 eetlepels ahornsiroop
- 1 theelepel vanille
- 1/2 theelepel kaneel
- 1/2 theelepel natriumbicarbonaat
- Zout naar smaak

Voorbereiding

1. 1 kopje Enjoy Life-chocoladeschilfers (of andere donkere chocoladeschilfers)
2. Zet het wafelijzer aan om op te warmen. Klop de eidooiers en kokosmelk los. Combineer het

amandelmeel, bakpoeder, kaneel en zout in een aparte kom. Voeg natte ingrediënten toe om te drogen en meng. Voeg de ahornsiroop en vanille toe en blijf mixen.

3. Voeg vervolgens amandelmelk toe. Klop in een staande mixer (of met een handmixer) de eiwitten tot luchtige en stijve pieken (dit duurt een paar minuten). Spatel de eiwitten door het beslag. Roer de chocoladestukjes erdoor.

83. Graanvrije wafels

Ingrediënt

- Maakt 4 grote wafels
- 1 kopje amandelmeel
- 1/2 kopje pijlwortel
- 1/2 theelepel natriumbicarbonaat
- 1/4 theelepel zout
- 1/4 kop room of kokosmelk
- 4 eieren, gescheiden
- 3 l boter of kokosolie, gesmolten, plus meer voor de wafelijzerborstel
- 2 T honing
- 1 1/2 theelepel vanille-extract

opleiding

1. Klop met een hand- of staande mixer de eiwitten tot er zachte pieken ontstaan.
2. Meng in een grote kom de droge ingrediënten (amandelmeel door zout) en meng met een garde.
3. Combineer de natte ingrediënten (room door de vanille, inclusief de eidooiers) in een middelgrote kom en combineer met de droge ingrediënten. Voeg voorzichtig de eiwitten toe. Verwarm het wafelijzer tot medium en bestrijk het met boter of kokosolie.
4. Doe 1/4 van het wafelmengsel in het wafelijzer en sluit het, kook ongeveer 3-4 minuten. Dit zal sterk afhangen van je wafelijzer denk ik, dus controleer je wafels na een minuut of 2.

84. Blenderwafels met kokosroom

ingrediënten Voor

de wafels:

- ⅓ kopje kokosmelk of slagroom
- 1¼ kopjes geblancheerd amandelmeel
- 3 eetlepels kokosolie plus meer om in te vetten
- 1 lepel honing
- 2 theelepels vanille-extract
- ½ theelepel natriumbicarbonaat
- ¼ theelepel gemalen kaneel
- snufje zout
- 3 grote eieren
- ahornsiroop voor motregen

Voor de kokosroom:
- 1 blikje kokosroom (zo maak je het)
- 2 eetlepels honing
- 1 theelepel vanille-extract

instructies:
1. Verwarm een wafelijzer. Doe alle vloeibare ingrediënten, inclusief de kokosolie maar exclusief de wafeleieren, in de blender. Giet de droge ingrediënten over de bovenkant en meng 20 seconden op laag, schraap de zijkanten indien nodig, tot ze volledig zijn opgenomen. Voeg de eieren toe en mix gedurende 20 seconden op laag en vervolgens op hoog voor nog eens 15-20 seconden.
2. Smelt een beetje extra kokosolie in een kom en bestrijk het wafelijzer er rijkelijk mee. Giet het beslag gelijkmatig over het wafelijzer (pas op dat u het niet te vol doet, anders loopt het over als u het wafelijzer sluit), sluit en bak 3-4 minuten of tot ze goudbruin zijn. Verwijder de wafels met een vork en plaats ze op een koelrek. Herhaal dit totdat al het deeg is gebruikt.
3. Voeg alle ingrediënten van de kokosroom toe aan een middelgrote kom en klop op hoog tot licht en luchtig, ongeveer 30 seconden tot 1

minuut. Serveer de wafels met een flinke klodder zure room en een scheutje ahornsiroop.

85. Krokante graanvrije wafels

ingrediënten

- 2 kopjes geblancheerd amandelmeel
- 1 kopje arrowroot of tapiocazetmeel
- 4 theelepels bakpoeder (zonder aluminium)
- 1/4 kop kokossuiker
- 1/2 theelepel zeezout
- 2 grote eieren
- 1/2 kopje ghee of kokosolie, gesmolten
- 1 kop kokosmelk (uit blik) of volle melk
- 2 theelepels citroen, met sap
- 1 theelepel vanille

instructies:

1. Verwarm het wafelijzer voor. Combineer alle ingrediënten en meng voorzichtig - gewoon om te combineren

    - Een paar klontjes zijn oké

2. Schep het beslag met een pollepel in het hete wafelijzer. Kook je wafels volgens de instructies van het wafelijzer. We laten de onze extra lang staan om ervoor te zorgen dat ze super krokant zijn. Serveer direct OF gekoeld op een rooster (zo blijven ze knapperig). Gekoelde wafels kunnen worden ingevroren en opnieuw worden verwarmd in de broodrooster voor een snel ontbijt. Genieten van!

86. Wafels met kruiden en karamelappels

Ingrediënten:

- 3 grote eieren
- ¾ kopje hele macadamianoten of rauwe cashewnoten
- ¼ kopje rauwe pecannoten
- ¼ kopje ongezoete amandelmelk of kokosmelk
- 3 eetlepels kokosolie, gesmolten
- 2 eetlepels honing
- ¼ kopje kokosmeel
- ¾ theelepel natriumbicarbonaat
- ¼ theelepel zeezout
- 2 theelepels pompoentaartkruiden
- Gekarameliseerde appelsiroop
- 3 eetlepels ongezouten boter, ghee of palmvet
- ¼ kopje honing, bij voorkeur licht van kleur

- 1 pond bakken appels - geschild, klokhuis en in blokjes gesneden
- ¼ kopje kokosmelk
- zeezout poeder

Instructies:
1. Verwarm een wafelijzer voor. Combineer de eieren, macadamianoten, pecannoten, melk, honing en gesmolten kokosolie in een blender. Mix tot het heel glad en romig is. Stop indien nodig de blender en duw het mengsel met een spatel naar beneden om een glad mengsel te krijgen. Voeg het zout, het bakpoeder en het kokosmeel toe en meng opnieuw voor ongeveer 30 seconden tot het volledig is opgenomen. Als het wafelijzer olie nodig heeft, smeer dan aan beide kanten een beetje kokosolie.
2. Giet het beslag in het wafelijzer zodat het net het onderste gedeelte van het strijkijzer bedekt, en pas op dat u het niet te vol doet, aangezien ze behoorlijk rijzen en zullen morsen. Bak de wafels tot het wafelijzer stopt met stomen, ongeveer 45 seconden. Elk wafelijzer kan verschillen in kooktijd. Herhaal tot het deeg op is. Het wordt warm geserveerd met gekarameliseerde appelstroop.

87. Het recept voor wafels met kokosmeel

ingrediënten

- 8 eieren
- ½ kopje boter of kokosolie (gesmolten)
- 1 lepel kaneel
- 1 theelepel vanille-extract
- ½ theelepel zout
- ½ kopje kokosmeel

instructies:

1. Verwarm het wafelijzer voor.
2. Klop in een middelgrote kom de eieren los met een garde of staafmixer.
3. Voeg de gesmolten boter of kokosolie, kaneel, vanille en zout toe en meng goed.

4. Voeg het kokosmeel toe en meng goed. Het deeg moet dik zijn. Als het te dun is, voeg dan nog wat kokosmeel toe.
5. Plaats in het voorverwarmde, ingevette wafelijzer en bak tot het lichtbruin en stevig aanvoelt.
6. Serveer met een klodder boter en wat zelfgemaakte aardbeiensiroop, pure ahornsiroop of amandelboter.

88. Pompoenkruidenwafels

ingrediënten

- 1/4 kop kokosmeel
- 1/2 kopje pompoenpuree
- 3 grote eieren
- 1/4 kopje kokosolie of boter, gesmolten en op kamertemperatuur.
- 1/2 kopje water
- 1 theelepel puur vanille-extract
- 1/2 theelepel appelciderazijn
- 1/2 theelepel natriumbicarbonaat
- 1 theelepel pompoentaartkruiden

instructies:

1. Verwarm het wafelijzer voor.

2. Voeg in de blender alle ingrediënten toe en mix tot het volledig gemengd is.
3. Giet 1/2 kop in het wafelijzer en kook tot het helemaal gaar is. Deze wafels zijn erg zacht als ze klaar zijn. Ik moest mijn wafelijzer ondersteboven keren om ze te laten stoppen.
4. Herhaal totdat al het deeg op is.

89. Graanvrije Bacon Pecan-wafels

- 1/2 kopje kastanjemeel - je kunt in plaats daarvan amandelmeel gebruiken als je wilt
- 1/2 kopje tapiocameel
- 1/2 kopje kokosmeel
- 1 theelepel kaneel
- 1 theelepel natriumbicarbonaat
- 1/2 theelepel zeezout
- 4 eieren, losgeklopt
- 1 theelepel vanille
- 1/4 theelepel amandelextract
- 1 kopje volle melk
- 1/3 kopje kokosolie, gesmolten
- 6 reepjes spek
- 1 kop geroosterde pecannoten, gehakt

Voorbereiding

1. Bak het spek in een koekenpan op middelhoog vuur ongeveer 5 minuten aan elke kant tot het knapperig is. Laat het een beetje afkoelen en snij in kleine stukjes en zet apart; bewaar ook het spekvet.
2. Meng de droge ingrediënten in een grote kom. Voeg de vloeibare ingrediënten toe en meng goed om eventuele klontjes te combineren en glad te strijken. Voeg het spek en zijn vet en de pecannoten toe en meng om goed op te nemen.
3. Verwarm het wafelijzer voor volgens de instructies van de fabrikant en giet het beslag, 3/4 kop per Belgische wafel, in het wafelijzer. Kook volgens uw machine... Persoonlijk vind ik de mijne behoorlijk krokant en bruin.
4. Herhaal tot al het deeg op is; moet 5 grote wafels maken. Het wordt warm geserveerd met veel boter en siroop!

90. Wafel Quesadilla

ingrediënten

- Bak spray
- 8 kleine bloemtortilla's
- 1 1/2 tl geraspte cheddar
- 1 1/2 tl Monterey Jack brokkelt af
- 1 c. zwarte bonen
- 1 el maïs
- 1 avocado, in plakjes
- Zure room, voor serveren (optioneel)

Routebeschrijving

1. Verwarm je wafelijzer en smeer het in met bakspray. Leg een tortilla op het wafelijzer en garneer met ¼ van de kazen, zwarte bonen, maïs en avocado. Bedek met een andere tortilla en kook tot ze goudbruin en de kaas is

gesmolten, 3 minuten. Herhaal met de resterende tortilla's en vullingen. Serveer met zure room, indien gebruikt.

91. Gefrituurde augurksticks

ingrediënten

- 1 groot ei
- 1/4 kop varkenspanko ⬜ 1/2 kop mozzarella
- 1 eetlepel augurkensap
- 6-8 dunne plakjes augurk

instructies:

2. Samenvoegen.
3. Breng een dun laagje aan op het wafelijzer.
4. Veeg het overtollige sap van de augurken.

5. Voeg de plakjes augurk toe en dan nog een dun laagje van het mengsel. Kook gedurende 4 minuten.

92. Wafels met melkpoeder

Ingrediënt
- wafelkorstjes - 1 pak
- suiker - 500 g
- water - 200 ml
- melk - 400 g poeder ☐ Margarine - 1 st.
- witte chocolade - 100 stuks

Voorbereiding
1. Doe de suiker met de aangegeven hoeveelheid water in een diepe pan, meng het en zet het

op het vuur om te koken, nadat het kookt, haal het van het vuur en laat het afkoelen.
2. Doe de gesneden margarine en de aangegeven hoeveelheid melkpoeder in een kom en meng goed om te homogeniseren. Als het verse water is afgekoeld, giet je het in de kom met de losgeklopte margarine en de melkpoeder.
3. Smelt de witte chocolade in een stoompan, giet deze bij de zelfgemaakte wafelmix en meng alles door elkaar.
4. Besmeer de wafelbodems met de vulling, breng ze samen en druk ze aan met een hard voorwerp om ze aan te spannen.
5. Makkelijke en heerlijke wafels met melkpoeder voor een middagtraktatie!

93. Kokoswafels

Ingrediënt

- Wafelkorstjes - 1 pak.
- suiker - 4 theelepels.
- room - 200 g
- margarine - 200 g
- kokosschaafsel - 300 g
- gecondenseerde melk - 200 g

Voorbereiding

1. Doe in een pan de suiker samen met de margarine en smelt deze op het vuur.
2. Roer gedurende deze tijd.
3. Voeg de room toe en breng aan de kook.

4. Haal het van het vuur en laat het een beetje afkoelen.
5. Giet de gecondenseerde melk, meng.
6. Voeg na een paar minuten de kokos toe, meng.
7. Terwijl het mengsel nog niet volledig is afgekoeld, verdeelt u het over de wafelkorsten en stapelt u ze op elkaar.
8. Crème de laatste rij zelfgemaakte wafels.
9. Laat de kokoswafels in de koelkast opstijven.

94. Wafels met karamel

Ingrediënt

- eieren - 3 stuks. (alleen dooiers)
- suiker - 300 g
- koeboter - 125 g
- walnoten - 400 g gemalen
- wafel korstjes

Voorbereiding

1. De eidooiers, de helft van de suiker worden gemengd en in een pan op het fornuis gezet. Kook op middelhoog vuur, onder voortdurend roeren, tot de suiker smelt. Het mengsel mag niet koken omdat de dooiers elkaar kruisen.
2. De resterende suiker smelt in de karamel. Giet de warme karamel over het nog warme

boter-dooiermengsel. Hier is voorzichtigheid geboden, want een heftige kook begint en het is mogelijk om jezelf te verbranden!
3. Voeg de gemalen noten toe en roer alles goed door elkaar. Als de vulling van onze wafels iets is afgekoeld, verdeel je deze over de wafelkorst.
4. Hij stak haar met een mes. Leg de andere korst erop, druk en dep zachtjes met je hand om de vulling gelijkmatig te verdelen.
5. Eenmaal afgekoeld, snijd in kleine wafels met een scherp mes.

95. Wafels met kersen

ingrediënten

Voor het deeg:

- 200 g rama margarine
- 75 gram suiker
- 1 pakje vanillesuiker
- 1 doos zout
- 6 eigenaren
- 300 g bloem
- 2 theelepels bakpoeder
- 1 fles(sen) Rama Cremefine om op te kloppen

Voor stofreiniging:

- 5 eetlepels poedersuiker

Omslag:

- 1 glas kersen
- 2 eetlepels suiker
- 1 eetlepel maizena (volledig geëgaliseerd)
- 1 fles(sen) Rama Cremefine voor bereid gerecht

1. Meng voor de kersenwafels de margarine, suiker, vanillesuiker en zout tot een romig geheel. Voeg geleidelijk de eieren toe, meng de bloem met het bakpoeder en meng gelijkmatig met Rama Cremefine voor het beslag.
2. Bak de wafels één voor één in een ingevet en voorverwarmd wafelijzer op middelmatige temperatuur goudbruin. Als het wafelijzer niet is afgedekt, moet het elke keer worden ingevet voordat het beslag wordt toegevoegd.
3. Bestuif de wafels na het bakken met poedersuiker.
4. Giet de kersen af, vang het sap op, meng de Maizena met 3 eetlepels koud water, kook het sap in een pannetje, roer de maizena erdoor, breng opnieuw aan de kook, giet in een kom en

laat afkoelen. Klop de Rama Cremefine stijf en serveer met wafelkersen.

96. Wafels met appel-kaneelchutney

ingrediënten

- 3 stuks. eigenaren
- 1 doos zout
- 1/2 vanillestokje
- 65 g suiker (bruin)
- 74 g tarwebloem (type 1050)
- 50 ml koolzaadolie
- 1-2 eetlepels melk (naar smaak)
- Koolzaadolie (voor het wafelijzer)

Appel Kaneel Chutney:

- 1 kg appels (niet te rijp, liefst groen, zuur)
- 250 g ui

- 1 teentje knoflook
- 375 ml azijn
- 500 g suiker (gemengd met kaneel)
- 3 eetlepels mosterdzaad (gemalen)
- 2 eetlepels gember (vers geraspt of een beetje poeder)
- 1 theelepel cayennepeper
- 250 g sultana's bereiding

1. Splits voor de wafels de eieren en klop de eiwitten met een snufje zout stijf. Snijd het vanillestokje in de lengte door en laat het vruchtvlees afkoelen.
2. Meng de eidooier, suiker, vanillepulp, bloem en koolzaadolie, als het mengsel te sterk is, meng er dan een beetje melk door. Spatel het eiwit voorzichtig door het mengsel.
3. Verhit een wafelijzer, vet het in met een beetje olie en voeg 3-4 eetlepels deeg toe aan elke wafel. Bak goudbruin op middelhoog vuur. Serveer de wafels met vers fruit, gestoomde appels of appel-kaneelchutney.
4. Schil voor de appel-kaneelchutney de appels, verwijder het klokhuis en snijd ze in dunne plakjes. Pel en hak de ui en knoflook fijn en doe alle drie de ingrediënten in een grote pan.

Voeg azijn, suiker, mosterdmeel, gember en cayennepeper toe en kook alles 1 uur in een open pan op laag vuur.

5. Roer af en toe. Voeg vervolgens de sultanarozijnen toe en kook nog eens 15 minuten. Deze chutney moet gekookt worden tot hij van de lepel loopt!

97. Pompoenwafels met vanilleroom en amandelen

ingrediënten

- 300 g pompoen (pulp al schoongemaakt)
- 40 ml sinaasappellikeur
- 150 g boter (zacht)
- 4 eieren
- 1 doos zout
- 2 vanillestokjes
- 250 g bloem
- 1 eetlepel amandelen (gemalen)
- 250 ml melk
- olie om te frituren)
- Bereiding van poedersuiker (om te bestrooien).

1. Rasp de pompoen fijn en blancheer kort in kokend water, knijp goed uit en meng met de sinaasappellikeur.
2. Meng de boter met de eieren en het zout, voeg de bloem, melk en amandelkern toe. Snijd de vanillestokjes in de lengte door, schraap het vruchtvlees eruit, roer door het beslag en laat 30 minuten rijzen.
3. Vouw de gehakte pompoen erdoor en vet het voorverwarmde wafelijzer in. Doe ongeveer 3 eetlepels beslag op het wafelijzer en bak de wafels één voor één.
4. Bestrooi de pompoenwafels met poedersuiker.

98. Peperkoekwafels

ingrediënten

- 250 g boter
- 1 eetlepel sinaasappelschil
- 1 eetlepel citroenschil
- Gingerbread Spice (naar smaak)
- 4 eieren
- 250 g bloem
- 1 theelepel bakpoeder
- 150 g honing (vloeibaar)
- 100 g geschaafde amandelen
- 100 g kookchocolade

Voorbereiding

1. Klop de boter met de aromaten en eieren tot het romig wordt.
2. Meng vervolgens de bloem met de peperkoekkruiden en het bakpoeder.
3. Zeef op het deeg en vouw.
4. Voeg vervolgens de honing toe en kneed tot een glad deeg.
5. Voeg 50 g geschaafde amandelen toe en bak de wafels in het ingevette wafelijzer.
6. Laat de kokende chocolade smelten in een waterbad en bestrijk de randen van de peperkoekwafels ermee.

7. Bestrooi de peperkoekwafels direct met de overgebleven amandelkern

99. Zelfgemaakte chocoladewafels

Ingrediënt

- Eieren - 5 stuks.
- suiker - 200 g
- boter - 100 g
- pure chocolade - 200 g (100 g voor de room en 100 g voor het dippen van de wafels)
- sesam tahini - 2 eetlepels. / misschien zonder hem
  /
- walnoten - 100 g
- wafelkorsten - 5 st. Ik koop ze bij een Russische supermarkt

Voorbereiding

1. Als je niet wilt dat je room chocolade is, gebruik dan gewoon geen chocolade.
2. Klop de eieren en suiker goed los. Van hen moet je een crème maken die kookt in een waterbad. Doe de room in een kom, die je in een grotere pan met water plaatst, en kook, bijna constant roerend, tot hij dikker wordt. Het duurt ongeveer een half uur, bij mij tenminste.
3. Laat iets afkoelen en voeg de boter, 100 g chocolade, tahin en walnoten toe. Meng goed met een spatel.
4. Leg de eerste korst met de vierkantjes erop en giet de room erover. En dus vijf korsten, de laatste met de vierkanten naar beneden plaatsend.
5. Leg er dan transparante folie op of, zoals ik, bakpapier en wikkel het ding met de afgewerkte wafels stevig in. De wafels zijn nog niet klaar, ze lijken meer op een cake.
6. Je moet een hard voorwerp op dit ding zetten om de korstjes te drukken. Ik heb de weegschaal gebruikt. Dus niet alleen zal het mij irriteren, maar het zal hem ook iets goeds laten doen.

7. Ik heb het de hele nacht in de koelte gelaten - op het balkon. 's Morgens knip ik de goed passende bast af. Ik raad je aan om in kleine stukjes te snijden, zoals voor één maaltijd.
8. Ik smolt 100 g pure chocolade in de magnetron met een lepel boter en smeerde alle wafels uit met een borstel.
9. Daarna laat ik de chocolade afkoelen. En ik was blij om de eerste wafel te proberen terwijl iedereen nog sliep en de lente begroette. Ehhh, wat lief! Moge onze lente zo zoet en zacht zijn als wafels!

100. Honingwafels met chocoladesaus

ingrediënten

Chocolade saus:

50 g boter

150 g kookchocolade

100 ml slagroomwafels:

- 150 g boter (zacht)
- 3 eieren
- 250 g bloem
- 1 theelepel natriumbicarbonaat
- 250 ml melk
- 4 eetlepels honing
- 1 snufje zout

Naast dit:

- Boter (voor het wafelijzer)
- Chocoladeschilfers (ter decoratie)

Voorbereiding

1. Bereid voor honingwafels met chocoladesaus eerst de saus. Verwarm hiervoor de room en boter op middelhoog vuur, hak de chocolade fijn en los deze onder voortdurend roeren op in de room. (Laat de chocolade niet te heet worden!!) en houd hem warm tot je klaar bent om hem te gebruiken.
2. Verwarm het wafelijzer en bestrijk het met een beetje vloeibare boter. Klop voor de wafels de boter luchtig, voeg één voor één de eieren toe en meng de honing en melk erdoor.
3. Zeef de bloem, het zout en het bakpoeder en roer door het wafelmengsel. Leg ongeveer 2 eetlepels beslag in het midden van het onderste wafelijzer en sluit het wafelijzer. Bak elke wafel in ongeveer 2 minuten goudbruin.
4. Leg de afgewerkte wafels op een grill en serveer de honingwafels met chocoladesaus.

CONCLUSIE

De recepten in dit boek zijn snel en gemakkelijk te maken en zullen resulteren in heerlijke maaltijden die instant familiefavorieten worden die je keer op keer zult maken.